葡萄牙的欧洲化

历史演进、制度变迁与国家能力

林娴岚 | 著

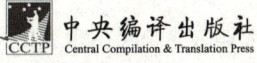

图书在版编目（CIP）数据

葡萄牙的欧洲化：历史演进、制度变迁与国家能力／
林娴岚著. —北京：中央编译出版社，2017.7

ISBN 978-7-5117-3348-1

Ⅰ.①葡…　Ⅱ.①林…　Ⅲ.①葡萄牙-研究　Ⅳ.①D755.2

中国版本图书馆 CIP 数据核字（2017）第 138157 号

葡萄牙的欧洲化：历史演进、制度变迁与国家能力

出 版 人：葛海彦
出版统筹：贾宇琰
责任编辑：李媛媛
责任印制：刘　慧
出版发行：中央编译出版社
地　　址：北京西城区车公庄大街乙 5 号鸿儒大厦 B 座（100044）
电　　话：（010）52612345（总编室）　　（010）52612335（编辑室）
　　　　　（010）52612316（发行部）　　（010）52612346（馆配部）
传　　真：（010）66515838
经　　销：全国新华书店
印　　刷：北京中兴印刷有限公司
开　　本：787 毫米×1092 毫米　1/16
字　　数：93 千字
印　　张：11.75
版　　次：2017 年 7 月第 1 版
印　　次：2017 年 7 月第 1 次印刷
定　　价：47.00 元

网　　址：www.cctphome.com　　邮　　箱：cctp@cctphome.com
新浪微博：@中央编译出版社　　微　　信：中央编译出版社（ID：cctphome）
淘宝店铺：中央编译出版社直销店（http://shop108367160.taobao.com）　　（010）55626985

本社常年法律顾问：北京市吴栾赵阎律师事务所律师　闫军　梁勤
凡有印装质量问题，本社负责调换。电话：（010）55626985

目 录

导 论 ··· 1
  第一节　选题意义 ··· 1
  第二节　文献回顾 ··· 5
  第三节　结构框架 ·· 12

第一章　历史制度主义视野下的国家能力：概念界定与理论框架 ······ 15
  第一节　关于历史制度主义 ·· 16
    一、作为理论基础的历史制度主义 ································ 16
    二、作为研究方法的历史制度主义：对国家能力的研究 ········· 18
  第二节　关于国家能力 ·· 20
    一、国家能力研究基础 ··· 20
    二、对国家能力的界定 ··· 27
  第三节　分析框架解析 ·· 33

第二章　葡萄牙的欧洲化：历史的演进 ································· 35
  第一节　欧洲化之前的葡萄牙 ····································· 36
    一、从边缘小国到欧洲先驱 ······································· 36
    二、陨落的先驱独善其身 ·· 37

第二节 葡萄牙申请加入欧共体/欧盟的过程 …………… 39
  一、"4·25革命"之前的申请 …………………………… 39
  二、"4·25革命"之后的申请 …………………………… 40
第三节 以欧共体/欧盟成员国身份参与欧洲一体化 …… 41
  一、审慎与实用主义的适应期（1986年至1992年）…… 42
  二、积极融入的聚合期（1992年至2000年）…………… 43
  三、重返实用主义的分化期（2000年至今）…………… 44

第三章 葡萄牙的欧洲化：制度的变迁 …………………… 46
第一节 基础性的政治制度 ………………………………… 46
  一、欧盟的政治制度 ……………………………………… 46
  二、葡萄牙的政治制度 …………………………………… 50
第二节 经济发展相关制度 ………………………………… 55
  一、欧盟的区域政策 ……………………………………… 55
  二、葡萄牙的对接政策 …………………………………… 61
第三节 社会治理相关制度 ………………………………… 63
  一、欧盟的就业战略 ……………………………………… 63
  二、葡萄牙的公共就业服务改革 ………………………… 66
第四节 科技创新相关制度 ………………………………… 69
  一、欧盟的科技创新政策体系 …………………………… 69
  二、葡萄牙的科技创新政策体系 ………………………… 72

第四章 欧洲化对葡萄牙国家能力的影响 ………………… 76
第一节 影响之一：维护国内政治稳定的能力 …………… 76
  一、欧洲化与葡萄牙的国内政治更迭 …………………… 77

二、葡萄牙国内不同阶层对待欧洲化的态度 …………… 81
　　三、案例分析：葡萄牙新政府上台前后的政治风波 …… 84
　　四、葡萄牙的欧洲化与维护国内政治稳定的能力 ……… 87
　第二节　影响之二：促进经济发展的能力 ………………… 88
　　一、1986年至1999年葡萄牙的经济发展状况及其影响因素 … 89
　　二、2000年至2008年葡萄牙的经济发展状况及其影响因素 … 91
　　三、2009年至今葡萄牙的经济发展状况及其影响因素 … 97
　　四、葡萄牙的欧洲化与促进经济发展的能力 …………… 100
　第三节　影响之三：优化社会治理的能力 ………………… 102
　　一、加入欧共体/欧盟30年来葡萄牙社会变迁概况 …… 103
　　二、葡萄牙的欧洲化与优化社会治理的能力 …………… 107
　第四节　影响之四：引领未来发展的科技创新能力 ……… 109
　　一、葡萄牙的科技创新投入与产出 ……………………… 109
　　二、葡萄牙的科技创新管理体制 ………………………… 114
　　三、葡萄牙的欧洲化与引领未来发展的科技创新能力 … 116

第五章　葡萄牙人如何评价欧洲化对其国家能力的影响 … 122
　　一、现有问卷调查的不足之处 …………………………… 122
　　二、本研究的访谈设计及访谈结果分析 ………………… 123

结　论 ……………………………………………………………… 129

附　表 ……………………………………………………………… 135

参考文献 ………………………………………………………… 151

导　论

第一节　选题意义

　　葡萄牙是一个偏居于欧洲大陆伊比利亚半岛西南角的国土面积不大的国家，除了其航海历史曾举世瞩目外，在其他方面并没有得到外界过多的关注。如果不深入走进它，很难寻味这个国家丰富的内涵。

　　作为在西欧一隅生存的卢济塔尼亚①族群，它曾被神圣罗马帝国统治过，被伊斯兰教徒"摩尔人"②攻占过，也被毗邻的西班牙国王共治过，然而它始终没有丧失主权的独立性和领土的完整性。作为地理大发现时代的先驱，它曾因航海探险而举世闻名，也因此获得了长时期的海外殖民地，直至今日仍在葡萄牙语世界里发挥着其独有的国际影响力。葡萄牙是一个传统的农业国和一个工业革命的后进欧洲国家，但它并没有因为接受英国的经济资助而沦为其政治附庸，也不像其他欧洲农业国

---

①　"卢济塔尼亚"（葡萄牙语：os Lusitanos，英语：the Lusitanian）指代葡萄牙人。该名称因葡萄牙诗人贾梅士（Luís de Camões）广为流传的史诗《卢济塔尼亚人之歌》而闻名。

②　"摩尔人"（葡萄牙语：os Moros，英语：Moors）是中世纪伊比利亚半岛、西西里岛、马耳他、马格里布和西非的穆斯林居民。历史上，摩尔人主要指在伊比利亚半岛的伊斯兰征服者。

那样在观望中略带迟疑地加入欧洲经济共同体。它几次主动申请加入欧共体，随后也以欧盟成员国的身份积极推动欧洲一体化的深入发展。即便如此，这个有独特生存之道的国家也并未将自己的全部都限定于欧洲，它的外交方向就如同它的地理方位——背靠欧洲，面向大洋。正如葡萄牙著名诗人卡蒙斯（Luís de Camões）曾在位于葡萄牙境内、欧洲大陆地理坐标最西端的罗卡角（Capo da Roca）赋诗所言："陆止于此，海始于斯"。

  国际关系学界对葡萄牙的关注并不多，这与葡萄牙作为"边缘国家"的属性不无关联。之所以称其为"边缘国家"，一方面是因为从地理上看，葡萄牙位处欧洲的边缘；另一方面是因为，借用伊曼纽尔·沃勒斯坦（Immanuel Wallerstein）的世界体系理论中关于"中心——半边缘——边缘"结构的概念，葡萄牙虽然并不是世界体系的边缘，但在欧洲范围内也属于经济发展较为落后的国家，属于欧洲的边缘。这个在地理上和客观形势上都处于"边缘"地位的国家，在很长一段历史时期内都孤立于主流的国际社会，甚至几乎被人遗忘。

  但是，自从1974年"4·25革命"①，尤其是1986年加入欧洲经济共同体以来，葡萄牙又重新回到了欧洲乃至世界的舞台。葡萄牙支持欧盟的各项改革，推动《里斯本战略》的实施，尝试拓展欧盟与拉丁美洲以及非洲国家之间的外交关系，通过积极斡旋，敦促国际社会解决东帝汶人权问题并帮助东帝汶实现国家独立。在三次担任欧盟轮值主席国期间，葡萄牙积极采取措施推动欧洲一体化。葡萄牙前外交部长、前政府总理若泽·曼努埃尔·巴罗佐（José Manuel Barroso）在2004年至2014年间连任两届欧盟委员会主席，在任期间曾推动《里斯本

---

① 又名"康乃馨革命"（Revolução dos Cravos），是葡萄牙最为重要的历史事件之一。葡萄牙一批不满现状的中下层军官组成的"尉官运动"（后改称"武装部队运动"）于1974年4月25日发动军事政变，推翻了长达40多年的极右独裁政权，确立了"多党民主制"。

条约》的签署。而另一位葡萄牙前总理、前联合国难民事务署高级专员安东尼奥·古特雷斯（António Guterres）则于2017年1月1日出任联合国第9任秘书长。这位由葡萄牙政府重磅推出的候选人，在此前六轮意向性投票中一直处于领先地位，并获得联合国安理会15个成员国一致推选。这些均能表现出葡萄牙这个欧洲边缘小国所拥有的不凡的国际影响力。

除了上述积极方面的国际影响力之外，葡萄牙在欧洲以及国际社会所留下的也不乏负面印象。早年海上殖民帝国的没落，以及当代沦为欧洲主权债务危机（以下简称"欧债危机"）中不得不寻求外部经济援助的国家，应该是国际社会对葡萄牙最为粗浅却又直观的了解与认识。尽管如此，葡萄牙却始终坚定其欧洲化（Europeanization）的道路。即便是在疑欧主义（Euroscepticism）思潮蔓延给欧盟各成员国带来不同程度的负面影响的背景下，葡萄牙在艰难寻求改革与复兴的过程中仍然对欧洲一体化持乐观态度。在英国通过公民投票的方式选择退出欧盟之后，葡萄牙新任总统马塞洛·雷贝洛·德索萨（Marcelo Rebelo de Sousa）明确断言"脱欧公投"不会在葡发生。

葡萄牙是一个独特的国家，有其独特的生存之道，无论在欧洲还是在世界范围内都有所体现。究竟是怎样的国家能力让这个国家在纷繁的世界政治中独善其身，又是怎样的国家能力让其国内政权平稳过渡？尤其是自从与欧盟（及其前身欧共体）这个组织亲密接触以来，葡萄牙的欧洲化对其国家能力产生了怎样的影响？欧洲化是否促进了葡萄牙国内政治、经济、社会以及科技创新等各个领域的发展？这些问题都值得学者们进行研究。

鉴于目前国内外在葡萄牙国别研究尤其是葡萄牙的欧洲化这一主题所开展的系统研究相对欠缺，本书有助于丰富该领域的知识积累。从学理层面的意义来看，作为国际关系与比较政治交叉学科的研究案例,本书有助于丰富在"颠倒的第二意象"研究议程倡导之下,将国际关系作为自变量进而把国内政治作为因变量所开展的研究。从实践层面的意义来看,欧洲一体化进入瓶颈式的发展阶段,成员国的欧洲化究竟对本国发展起到了怎样的作用尚有待评估。尤其是对于葡萄牙而言,作为地处欧洲边缘地区的相对落后国家,检验其是否在欧洲化进程中实现了自身国家能力的提升,有助于思考欧洲一体化的进一步发展方向。研究葡萄牙的欧洲化,最大的现实意义莫过于回答如下问题:欧洲化是否从根本上促进了葡萄牙的国家发展?关于这个问题,目前欧洲的学者尚无定论,葡萄牙国内的"拥欧派"与"疑欧派"也长期持不同的看法。由于国家发展是一个非常宏大的概念,为了能相对而言更为具体地进行分析,因此,本书还将引入"国家能力"作为因变量,以外部旁观者的视角,试图通过对国家能力的剖析来判断葡萄牙欧洲化的影响。至于国家能力,则是国家发展领域的核心议题之一,如何提升国家能力也是当前各国执政当局在实践过程中所密切关注的热点问题。

对于中国而言,党的十八届三中全会提出的全面深化改革的总目标,就是完善和发展中国特色社会主义制度、推进国家治理体系和治理能力现代化。在当前中国大力推进国家治理体系和治理能力现代化建设的过程中,如何借助国际制度的力量来提高以国家治理能力为基础的整体国家能力,也是颇具有启发意义的一个思考与研究方向。除此之外,葡萄牙与中国有着特殊的历史联系,如今仍发挥着促进中国与欧洲以及中国与葡语国家之间关系发展的桥梁与纽带的作用。当前,葡萄牙积极响应中国的"一带一路"倡议,两国在良好的合作基础上均有意愿深化发展双边关系。因此,在欧洲化语境下开展对葡萄牙国家能力的研究对于中国也具有特殊的现实意义。

第二节 文献回顾

欧洲化是20世纪90年代以来在欧洲研究领域兴起并日渐流行的学术概念，它是欧洲一体化进程不断深化的产物。传统的对欧洲一体化的研究起始于新功能主义（Superanationalism）与政府间主义（Intergovermentalism）之间的争议与对话，它们对一体化的进程和前景问题争执不下，主要分歧点在于一体化进程中国家与超国家机构所发挥的作用不同。随后，一批欧美学者将比较政治学视角引入欧洲研究，用多层治理（Multi-level governance）的分析模式搁置了一体化的驱动力到底是"成员国"还是"超国家"这种非此即彼的争论，从实现共同治理目标的角度对欧盟系统的权利配置、行为角色、政策过程、制度建构、认同塑造等各方面进行全面研究。无论是新功能主义、政府间主义还是多层治理的理念，都主要是将欧洲层面作为研究对象。然而当人们对于欧盟是什么，将朝什么方向发展这类问题的讨论遇到瓶颈时，便转而开始关注欧盟如何起作用，尤其是如何对相关国家产生影响。正如詹姆斯·卡普拉索（James A.Caporaso）所言，欧洲一体化研究已经进入"后本体时代"（post-ontological phase）[1]。当欧盟确已存在，欧洲多层体系已成为共识的时候，各层次之间究竟如何相互作用，是需要深入讨论但尚未得到充分解释的问题。因此，引入欧洲化的概念和分析框架，将有助于推进欧洲一体化的研究。

欧洲化研究兴起于20世纪90年代初，其标志是基尔大学的教授罗伯特·拉德莱奇（Robert Ladrech）于1994年在《共同市场研究》期刊

---

[1] James A.Caporaso, "The European Union and Forms of State: Westphalian, Regulatory or Post-Modern?", *Journal of Common Market Studies*, Vol. 34, No.1, March 1996, p.49.

上发表的一篇文章，题为"国内政治与机构的欧洲化：以法国为例"。他将欧洲化视为一个动态的进程，认为"其走向是欧共体的政治经济动态成为国家政治和政策制定组织逻辑的一部分"①。尽管这只是一个松散的定义，但却明确了欧洲化的研究方向。正如彼得·古勒维奇（Peter Gourevitch）提出的"颠倒的第二意象"，欧洲化所涉及的正是这种"国内政治的国际来源问题"②。欧洲化为国家政治的研究提供了一种"欧洲"的路径。比较政治学家和社会学家都越来越深刻地认识到，欧盟已经成为研究欧盟成员国国家政治发展时不可或缺的一个影响因素。欧洲化概念的首创者拉德莱奇也在《欧洲化与欧洲一体化：从增量变化到结构变化》一书所收录他的一篇文章中开篇提到，"欧洲化被理解为欧盟全部或部分地参与国内政治，这为欧洲国别政治的比较分析增添了一个重要的研究视角"③。

在欧洲化概念兴起以后，国际上相关的研究如雨后春笋般迅速发展起来，欧洲化这一术语也颇受亲睐，甚至存在着过度使用的危险。研究成果以论文居多，从著作来看，如下三部有代表性的著作较为系统地介绍了欧洲化的研究成果：《欧洲变革：欧洲化与国内变化》④、《欧洲化

---

① Robert Ladrech, "Europeanization of Domestic Politics and Institutions: the Case of France", *Journal of Common Market Studies*, Vol. 32, No. 1, March 1994, pp.69-88.

② Peter Gourevich, "The Second Image Reversed: the International Sources of Domestic Politics", *International Organization*, Vol. 32, No. 4, autumn 1978, pp.881-912.

③ Robert Ladrech, "Rethinking the Relationship between Europeanization and Euripean Integration", in Ramona Coman, Thomas Kostera and Luca Tomini (eds.), *Europeanization and European Integration, From Incremental to Structural Change*, New York: Palgrave Macmillan, 2014, pp.15-28.

④ Maria Green Cowles, James Caporaso and Tomas Risse (eds.), *Transforming Europe: Europeanization and Domestic Change*, New York: Cornell University Press, 2001.

的政治学》①和《欧洲化政治？欧洲一体化与国家政治体系》②。在中国国内，目前并还没有关于欧洲化研究的专著，近年来有少数学者，如吴志成③、李明明④、林民旺⑤、张骥⑥等先后发表了几篇以介绍性为主的论文。尽管如此，国内外学界仍较为缺乏对欧洲化的系统案例研究，尤其是国别研究。

学者们在如何定义欧洲化的问题上也存在着诸多分歧，通常是根据其研究需要而在研究过程中加以界定。关于欧洲化的概念，国内外尚未形成明晰且统一的规范，但有很大一部分学者都认为欧洲化是欧洲区域一体化所触发的一种适应过程，也就是说，将欧洲化界定为"国内对欧洲区域一体化的适应"⑦。这里的"区域一体化"是指地理上相近的国家之间越来越密切的经济与政治联系；而"国内的适应"是一个广义的概念，包括：成员国政府在执政过程中不断适应在欧盟内部进行持续的制度性协商的过程，利益集团或社会组织对新的制度性机遇的适应过程，以及实质性政治问题的规范性结果，等等。马丁·温克（Maarten

---

① Kevin Featherstone and Claudio M. Radaelli (eds.), *The Politics of Europeanization*, Oxford: Oxford University Press, 2003.

② Klaus H. Goetz and Simon Hix (eds.), *Europeanized Politics European Integration and National Political Systems*, London: Frank Cass Publishers, 2001.

③ 吴志成、王霞：《欧洲化及其对成员国政策的影响》，载《欧洲研究》，2007年第4期，第38—52页；吴志成、王霞：《欧洲化：研究背景、界定及其与欧洲一体化的关系》，载《教学与研究》，2007年第6期，第48—55页。

④ 李明明：《"欧洲化"概念探析》，载《欧洲研究》，2008年第3期，第18—31页。

⑤ 林民旺：《欧洲化：欧盟共同外交与安全政策研究新视角》，载《国际论坛》，2009年3月，第50—54页。

⑥ 张骥：《欧洲化的双向运动：一个新的研究框架》，载《欧洲研究》，2011年第6期，第124—137页。

⑦ Maarten P. Vink and Paolo Graziano, "Challenges of a New Reserch Agenda", in Paolo Graziano and Maarten P. Vink (eds.), *Europeanization, New Research Agenda*, New York: Palgrave Macmillan, 2007, p.7.

P.Vink)与保罗·格兰兹安诺（Paolo Graziano）在他们共同编著的《欧洲化：一个新的研究议程》一书中指出，理解欧洲化以及明确欧洲化的研究范畴，我们需要超越基本定义，不去追究欧洲化到底是什么，而是从如下五个方面进行思考：（1）关注欧洲区域一体化的国内适应性问题，并不一定要局限于采用"自上而下"的分析方法；（2）欧洲化的研究范畴应该同时包含直接的影响（欧洲立法的实施）与间接的影响（欧洲一体化的横向影响）；（3）欧洲化的研究范畴不应被限定为某一种单一的（或统一的）影响（例如：协调或聚合），而是应该允许存在来自欧洲一体化的各种不同的影响；（4）欧洲化的研究范畴不应仅仅被限定于变化中的政策，而是应该包含更广阔的潜在的影响方面，主要指广义的政体和政治方面（如：政治结构、国内话语、身份等）；（5）欧洲化的研究范畴超越了单纯对成员国的影响以及单纯对欧盟自身的影响，因此，它应该是欧洲区域一体化进程动态变化所产生的效果的集合。[①]

　　本书在吸收借鉴以上对欧洲化研究发散式理解的基础之上，也参考了如下学者对欧洲化相对聚焦的界定。凯文·费瑟斯通（Kevin Featherstone）在《介绍：南欧与欧洲化进程》一文中指出，欧洲化用于检查国家层面的设定与欧盟层面的承诺是否相适应，是国内的行为者对这一进程的反应。他认为欧洲化是一个双向的进程，介于国内与欧盟两个层次之间，包含了自上而下与自下而上的共同压力。[②] 凯文·费瑟斯通还将欧洲化的形式归纳为三类，即：欧盟层面的制度化（即成员国对欧盟制度自下而上的影响）、国家之间的跨国主义以及欧

[①] Maarten P. Vink and Paolo Graziano, "Challenges of a New Reserch Agenda", in Paolo Graziano and Maarten P. Vink (eds.), *Europeanization, New Research Agenda*, New York: Palgrave Macmillan, 2007, pp.8-9.

[②] Kevin Featherstone and George Kazamias, "Introduction: Southern Europe and the Process of 'Europeanization'", *South European Society and Politics*, Vol. 5, Issue 2, 2000, p.6.

盟层面对成员国内部制度的影响（即自上而下的影响）。相比而言，克里斯托弗·尼尔与德克·莱姆库尔（Christoph Knill and Dirk Lehmkuhl）对欧洲化的界定更为具体，且完全符合凯文·费瑟斯通所归纳的第三种形式。他们使用自上而下的分析方法，并提出了欧洲化的三种机制，其中每种机制都包含着从欧洲层面可能迫使成员国内部制度发生改变的制约因素。他们将这三种机制命名为"积极的一体化"（positive integration）、"消极的一体化"（negative integration）与"构架的一体化"（framing integration），分别对应国内规制如何主动适应该国应当在欧盟范围内履行的义务、当欧盟立法需要改变国内规则所发生的争端以及欧洲政策如何导致成员国的行为主体信仰与期望发生改变。作者还分别借用历史制度主义、理性选择制度主义、社会学制度主义这三种新制度主义的理论来对应分析上述三种"积极的"、"消极的"和"构架的"一体化。①

葡萄牙或许是欧洲化语境下被研究得最少的国家之一，这跟上文中提到的葡萄牙的"边缘国家"特性不无关系。在欧盟28个成员国中，葡萄牙既不是居于核心地位的原创国，也不是东扩后备受关注的新盟友，它只是个偏居一隅、经济表现不尽如人意的"后进生"。国内外现有的葡萄牙相关论著中，对历史问题研究胜过对现实问题的分析，对现象的描述多于理论分析；而在中国，尤其缺乏针对葡萄牙的系统国别研究。鉴于此，本研究试图围绕葡萄牙近30年的发展历史，探讨葡萄牙欧洲化对其国家能力的影响。

国外研究葡萄牙欧洲化这一主题的学者及其著作中，比较有代表性

---

① Christoph Knill and Dirk Lehmkuhl, "How Europe Matters. Different Mechanisms of Europeanization", *European Integration online Papers* (EIoP), Vol. 3, No. 7, June 15, 1999, pp.1–19.

的包括：若泽·玛果纳（José Mária Magone）①、劳拉·费雷拉-佩雷拉（Laura C.Ferreira-Pereira）②、萨巴斯蒂昂·霍尤（Sebastián Royo）③、卡洛斯·卡什帕尔（Carlos Gaspar）④ 等。他们的研究各有特色，侧重点各不相同，囊括了葡萄牙融入欧洲一体化的不同阶段，以及葡萄牙与欧盟关系的不同方面。

然而，在他们总量不多的作品中，有些已经失去了时效性，有些则

---

① José Mária Magone, "The Transformation of the Portuguese Political System: European Regional Policy and Democratization in a Small EU Member State", in Kevin Featherstone and George Kazamias (eds.), *Europeanization and the Southern Periphery*, London: Frank Cass Publishers, 2001; José Mária Magone, *The Politics of Southern Europe: Integration Into the European Union*, Portsmouth: Greenwood Publishing Group, 2003; José Mária Magone, *The Developing Place of Portugal in the European Union*, New Jersey: Transaction Publishers, March 1, 2004; José M. Magone, "Portugal Is Not Greece: Policy Responses to the Sovereign Debt Crisis and the Consequences for the Portuguese Political Economy", *Perspectives on European Politics and Society*, Vol. 15, Issue 3, 2014, pp.346-360.

② Laura C. Ferreira-Pereira, "Portugal e a Presidência da União Europeia (1992-2007)", *Relações Internacionais*, Dezembro de 2008, pp.131-143; Laura C. Ferreira-Pereira, "Segurança e Defesa na União Europeia: A Perspectiva Portuguesa em Análise", *Negócio Estrangeiros*, 11.1 Julho de 2007, pp.161-192; Laura C. Ferreira-Pereira (ed.), *Portugal in the European Union: Assessing Twenty-Five Years of Integration Experience*, Abingdon, Oxford: Routledge, 2014.

③ Sebastián Royo and Paul Christopher Manuel, "Some Lessons from the Fifteenth Anniversary of the Accession of Portugal and Spain to the European Union", *South European Society and Politics*, Vol. 8, Issue 1-2, 2003, pp.1-30; Sebastián Royo, "From Authoritarianism to the European Union: The Europeanization of Portugal", *Mediterranean Quarterly*, Vol. 15, No. 3, summer 2004, pp.95-129; Sebastián Royo, "Lessons from the Integration of Spain and Portugal to the EU", *PS: Political Science and Politics*, Vol. 40, No. 4 (Oct., 2007), pp.689-693; Sebastián Royo, "Portugal and Spain in the EU: Paths of Economic Divergence (2000-2007)", *Análise Social*, Vol. 45, No. 195 (2010), pp.209-254; Sebastián Royo, "Portugal in the European Union: The Limits of Convergence", *South European Society and Politics*, Vol. 18, Issue 2, 2013, pp.197-216.

④ Carlos Gaspar, "Portugal, os Pequenos Estados e a União Europeia", *Nação e Defesa*, Outono-Inverno de 2007, N.°118-3.° Série, pp.107-145; Carlos Gaspar, "Portugal e o Alargamento da União Europeia", *Análise Social*, Vol. 35, No. 154/155, PORTUCSL POLÍTICO 25 ANOS DEPOIS (Verão de 2000), pp.327-372.

是以西班牙为重点的伊比利亚半岛研究、而非葡萄牙本身的国别研究。如弗兰西斯科·塞萨科斯·达科斯塔等人（Francisco Seixas Da Costa, Álvaro de Vasconcelos and Maria João Seabra）编著的《葡萄牙：一部欧洲的故事》①与萨巴斯蒂昂·霍尤等人（Sebastián Royo and Paul Christopher Manuel）编著的《欧盟中的西班牙与葡萄牙》②，均聚焦于葡萄牙加入欧盟初期的历史。近几年，围绕葡萄牙加入欧盟25周年纪念活动，的确有不少新作出版，但大多是基于数据和事实的概述，而基于理论的分析相对较少。例如：奥古斯都·马德伍斯（Augusto Mateus）编著的《欧洲的葡萄牙25载：经济、社会与基本结构》③，以及若昂·费赫拉·窦阿玛拉等人（João Ferreira do Amaral, José maria Brandão de Brito, e Maria Fernanda Rollo）编著的《葡萄牙与欧洲：辞典》④。

尽管如此，仍有两部难得的作品是从政治学与国际关系的角度探讨欧洲化进程对葡萄牙的影响。一部是较早由若泽·玛果纳（José Magone）著的《葡萄牙在欧盟的发展空间》⑤，主要从事欧洲政治研究的玛果纳认为，葡萄牙朝向欧盟这个多层治理体系平稳演进是一个由政治精英建构的过程，并强调要在欧盟体系的框架下去看待葡萄牙的政治体系。他引用欧洲化的概念来论述葡萄牙与欧盟政治一体化的过程，试

---

① Francisco Seixas Da Costa, Álvaro de Vasconcelos and Maria João Seabra (eds.), *Portugal: A European Story*, London: Principia University Press, July 2001.

② Sebastián Royo and Paul Christopher Manuel (eds.), *Spain and Portugal in the European Union*, London: Frank Cass & Co. Ltd., 2003.

③ Augusto Mateus (Coord.), *25 Anos de Portugal Europeu: A Economia, a Sociedade e os Fundos Estruturais*, Lisboa: Fundação Francisco Manuel dos Santos e Sociedade de Consultores Augusto Mateus & Associados (AM & A), Maio de 2013.

④ João Ferreira do Amaral, José maria Brandão de Brito, e Maria Fernanda Rollo, *Portugal e a Europa. Dicionário* (65 anos de história-25 anos de adesão), Lisboa: Tinta da China, 2011.

⑤ José Mária Magone, *The Developing Place of Portugal in the European Union*, New Jersey: Transaction Publishers, March 1, 2004.

图说明葡萄牙如何成为欧盟政治系统中的一部分，以及一体化是否强化了葡萄牙的国家认同（national identity）。这是葡萄牙国内对葡—欧关系与葡萄牙政治研究难能可贵的一部著作，但其出版年份较早，主要时间范畴只涵盖了葡萄牙加入欧盟初期。为弥补其不足，葡萄牙另一位政治学教授劳拉·费雷拉-佩雷拉（Laura C.Ferreira-Pereira）2014 年编著了《欧盟中的葡萄牙：对 25 年一体化经验的评估》[①]。佩雷拉试图为读者提供一个更广阔的多学科视野，组织不同领域的专家，从政治、经济、社会、外交等不同角度评述葡萄牙加入欧盟后所发生的变化及影响，也特别突出了欧盟东扩这个时间节点前后葡萄牙发展所呈现出的差异，并试图总结葡萄牙的经验，以供后期入盟东欧国家借鉴。佩雷拉组织开展的研究在一定程度上延长了现有葡萄牙研究的时间轴线，但没能进一步延长到"欧债危机"前后的对比讨论。此外，该作品试图呈现欧洲化对葡萄牙全面的影响，却采用了不同学科视角、不同领域作者论文合集的编辑形式，因而从整体上看，缺乏统一的理论分析框架。

第三节　结构框架

研究葡萄牙的欧洲化对其国家能力的影响，是国际—国内的互动研究，也是跨越国际关系学与比较政治学两个学科的研究，本书将重点引入历史制度主义的研究方法，同时辅以分析归纳与反向论证等其他研究方法。

本书第一章对理论框架与相关概念进行了界定，在历史制度主义研究范式下探讨国家能力概念的内涵与外延。在此基础上，将葡萄牙的欧

---

① Laura C. Ferreira-Pereira (ed.), *Portugal in the European Union: Assessing Twenty-Five Years of Integration Experience*, Abingdon, Oxford: Routledge, 2014.

洲化视为自变量，欧盟层面以及葡萄牙层面的制度变迁视为中间变量，葡萄牙的国家能力视为因变量，分析在葡萄牙欧洲化的过程中，如何适应欧共体/欧盟的制度安排，如何在欧共体/欧盟制度安排的影响下制定和调整旨在促进本国发展的制度与政策措施，以及这些制度与政策最终又对葡萄牙的国家能力产生了怎样的影响。

第二章回顾了葡萄牙欧洲化的历史演进过程，从欧洲化之前的葡萄牙，到申请加入欧共体/欧盟的过程，再到以成员国身份参与欧洲一体化的过程。本书所指代葡萄牙的欧洲化主要包括该国主动申请加入欧共体/欧盟、以成员国的身份与该组织进行互动这两大阶段。其中第一阶段的关键性历史节点是"4·25革命"，而第二阶段又可以划分为三个子阶段，即：1986—1992年入盟之初的适应期、1992—2000年深度融合的活跃期以及2000年至今的在徘徊质疑中的前进期。

第三章概述了葡萄牙欧洲化的制度变迁过程。葡萄牙欧洲化的制度变迁涵盖了基础性的政治制度以及经济发展、社会治理与科技创新相关政策四个方面的内容。从基础性的政治制度及其影响看，葡萄牙的欧洲化导致其宏观制度结构发生了变化，主要体现在国内政治制度、政权结构以及主要政治阶层所关注的核心问题等方面。一个国家的宏观制度结构与其国内政治的稳定性密切相关。葡萄牙通过不断与欧盟之间在政治制度层面开展互动，逐渐确立并完善了本国的多元民主制度。而这一基本的政治制度又对葡萄牙国内政治的政治秩序产生了诸多深层次的影响。从具体领域的制度安排与政策措施及其影响看，欧盟区域政策合集中不同类别的具体政策工具（如各类基金）对葡萄牙的国家治理能力产生了影响。

第四章以案例分析的形式检验加入欧共体/欧盟30年来欧洲化对葡萄牙国家能力的影响。通过对葡萄牙国内政权更迭以及国内不同阶层对待欧洲化态度的分析，并结合葡萄牙最近一年来经历两场政治风波的案例研究，可以观察葡萄牙的欧洲化如何影响该国维护政治稳定的能力。通过综合分析过去 30 年内不同阶段葡萄牙经济发展的总体状况及其影响因素以及葡萄牙社会变迁的概况，可以观察欧洲化对葡萄牙促进经济发展能力、社会治理能力以及引领未来的科技创新能力的影响。经济发展方面，葡萄牙已经深度融入到整个欧洲一体化进程之中，欧盟的区域政策、统一货币政策以及危机时期的特别援助政策都对葡萄牙自身发展经济的能力产生了影响。社会治理方面，在不断努力缩小与其他欧盟成员之间差距的过程中，葡萄牙社会生活的方方面面都产生了显著变化。科技创新方面，葡萄牙在欧洲化进程中深受欧盟区域政策与欧盟科技创新政策的双重影响，来自欧盟的政策引导与资金支持在潜移默化中影响着葡萄牙的科技创新能力。

第五章通过反向论证的提问方式开展访谈式调查，为了更好地验证基于文献所得出的结论，以便了解现实生活中葡萄牙普通民众如何看待葡萄牙的欧洲化及其影响。

第一章　历史制度主义视野下的国家能力：概念界定与理论框架

基于上文对欧洲化概念与研究范畴的分析，以及前人对葡萄牙欧洲化的研究成果，葡萄牙的欧洲化是指葡萄牙参与欧洲一体化，适应欧共体/欧盟制度安排的过程，以及在此过程中所呈现出的自身在政治、经济、社会等各个方面的动态发展与变化。从1961年作为创始国之一加入欧洲自由贸易联盟（EFTA），到1986年加入欧共体（EC），再到积极参与欧洲统一货币改革与积极推动欧洲制宪议程，在过去半个世纪的历史进程、尤其是融入欧盟这个区域间国际组织的过程中，葡萄牙的国内结构发生了显著变化，同时也经历了来自欧盟东扩与"欧债危机"的外部冲击。在欧洲区域一体化的发展背景与框架下，葡萄牙总体而言表现出以积极的态度融入与适应欧洲的一体化；欧洲一体化对葡萄牙的政治制度、国家政策乃至国家能力等又产生了多方面的直接或间接影响。

本书在对葡萄牙欧洲化进行研究时，将借鉴上文中提到的克里斯托弗·尼尔与德克·莱姆库尔所归纳欧洲化三种机制中"积极的一体化"的分析模式，采用历史制度主义的理论工具，重点研究葡萄牙国内规制对其欧盟成员国身份的主动适应。此外，鉴于克里斯托弗·尼尔与德克·莱姆库尔对欧洲化的界定符合凯文·费瑟斯所归纳的第三种形式，因此本书同样予以参照，将重点探讨欧盟层面的制度因素对葡萄牙国内制度自上而下的影响，以及在此基础之上，对葡萄牙国家能力所产生的影响。下文将首先对本书所理解的历史制度主义与国家能力概念进行界定。

第一节 关于历史制度主义

一、作为理论基础的历史制度主义

彼得·霍尔（Peter A. Hall）与罗斯玛丽·泰勒（Rosemary C. R. Taylor）将20世纪80年代起盛行的三种自称为"新制度主义"的政治科学分析途径进行了分类整合，将这三个思想流派分别命名为：历史制度主义、理性选择制度主义与社会学制度主义。① 作为新制度主义政治学三大主要流派之一，历史制度主义是比较政治学发展过程中自然出现的一种综合性的理论范式。"历史制度主义一方面继承了旧制度主义重视制度的传统，另一方面又通过对新马克思主义和新韦伯主义理论的综合，在制度的中轴上发展出一套新的理论模式"。②

"历史制度主义"这一术语虽然问世的时间并不长，1992年才由斯温·斯坦莫（Sven Steinmo）与凯瑟琳·西伦（Kathleen Thelen）等人首度提出③，但其历史渊源却并不短暂。在中国当前介绍历史制度主义

---

① [美]彼得·霍尔（Peter A.Hall）与罗斯玛丽·泰勒（Rosemary C.R.Taylor）：《政治科学与三个新制度主义流派》，见何俊志、任军锋、朱德米编译：《新制度主义政治学译文精选》，天津：天津人民出版社2007年版，第46页。

② 何俊志：《结构、历史与行为——历史制度主义对政治科学的重构》，上海：复旦大学出版社2004年版，第1页。

③ Sven Steinmo and Kathleen Thelen (eds.), *Structuring Politics: Historical Institutionalism in Comparative Analysis*, translator: Longstreth, Frank, Cambridge: Cambridge University Press, 1992.

第一章 历史制度主义视野下的国家能力：概念界定与理论框架

最新、也是最全面的著作《历史制度主义——制度变迁的比较历史研究》（2010年）一书中，作者刘圣中将历史制度主义理论的发展过程划分为三个阶段①。第一阶段为起步阶段，从20世纪40年代中期到80年代初，主要特征是出现了一批具有历史制度主义要素的研究成果，如卡尔·波兰尼（Karl Polanyi）的《大转型：当代政治与经济的起源》（1944年）（又被译作《巨变》）②、巴灵顿·摩尔（Barrington Moore）的《民主和独裁的社会起源》（1966年）、萨缪尔·亨廷顿（Samuel P. Huntington）的《变革社会中的政治秩序》（1968年）③和西达·斯考切波（Theda Skocpol）的《国家与社会革命》（1979年），它们虽没有明确总结出历史制度主义的方法论，但却对后人研究产生了指引作用。第二阶段是理论成型和范式确立阶段，从20世纪80年代初到90年代末。这一时期内，出现了几个标志性的理论总结性成果，这些成果逐渐形成体系，为历史制度主义理论提供了初步规划。这一阶段的历史制度主义理论集中于中层制度范围，围绕发达国家的经济政策、福利国家的制度和政策、政治制度和社会变革等方面的主题开展研究，有代表性的成果包括：彼得·霍尔的《治理经济》（1986年）、保罗·皮尔逊（Paul Pierson）的《拆散福利国家》（1994年）与胡安·林茨（Juan J. Linz）的《民主转型与巩固的问题：南欧、南美和后共产主义欧洲》（1996年）等。第三阶段为大扩展与深入阶段，从20世纪90年代末至

---

① 刘圣中：《历史制度主义：制度变迁的比较历史研究》，上海：上海人民出版社2010年版，第80—121页。

② Karl Polanyi, *The Great Transformation*: *The Political and Economic Origins of Our Time*, Boston: Beacon Press, 1944. 中译本：[匈]卡尔·波兰尼：《巨变：当代政治与经济的起源》（又译作《大转型》），黄树民译，北京：社会科学文献出版社2013年版。

③ Samuel P. Huntington, *Political Order in Changing Society*, New Haven: Yale University Press, 1968. 中译本：[美]塞缪尔·P.亨廷顿：《变化社会中的政治秩序》，王冠华、刘为等译，上海：上海人民出版社2008年版。

今。这一时期有越来越多的学者对历史和制度分析相结合的理论产生兴趣,并出现了对该理论进行梳理与总结的研究成果,例如,皮尔逊的《增长回报、路径依赖与制度变迁》(2000年)一文,以及皮尔逊与斯考切波合作发表的《当代政治学中的历史制度主义》(2002年)等。

关于历史制度主义理论的内涵,刘圣中也将其分为三大类:历史制度主义的制度理论、时间理论与理念研究,分别侧重对制度及制度变迁、时间序列与关键节点以及制度与文化认同的研究。① 普遍认为,历史制度主义是衔接宏观与微观的中层理论。何俊志在《结构、历史与行为——历史制度主义对政治科学的重构》一书中指出,"历史制度主义既不是一种纯粹的制度的理论,也不是一种行为理论,而是一种联结着制度理论和行为理论的中层理论。历史制度主义的主要理论兴趣点在于制度如何影响行为,以及制度、行为和观念如何在具体的历史进程中相互影响并共同塑造出了某种政治后果"。②

二、作为研究方法的历史制度主义:对国家能力的研究

历史制度主义除了是一种理论范式外,也是一种研究方法。它是比较历史法和制度分析法的综合,也是以行动者为中心的方法。运用这一方法,围绕制度及制度变迁这一核心主题③开展研究,就是要回答如下问题:"什么要素推动了制度变迁,以及制度变迁和制度本身对政治现象有何作用?"④ 由于历史制度主义是分析制度问题的研究方法,而国

---

① 刘圣中:《历史制度主义:制度变迁的比较历史研究》,上海:上海人民出版社2010年版,第122—181页。
② 何俊志:《结构、历史与行为——历史制度主义对政治科学的重构》,上海:复旦大学出版社2004年版,第4—5页,孙关宏序言。
③ 制度即可被当做因变量也可被当做自变量。
④ 刘圣中:《历史制度主义:制度变迁的比较历史研究》,上海:上海人民出版社2010年版,第6页。

家则是最大的制度集合体,因此,历史制度主义是研究国家政治发展的重要途径,而国家能力则是国家政治发展的核心要素之一。诺德林格(Eric A.Nordlinger)曾指出国家能力包含两个最关键的要素:制度与合法性。因此"制度是国家能力的中心"①。由此可见,历史制度主义与国家能力研究之间有着必然的内在联系。

一方面,历史制度主义自身涵盖的制度理论中就囊括了(国家的)制度能力理论。另一方面,国内外诸多对国家能力的研究著作都采用的是历史制度主义的研究方法。国际上,比较典型的例子是杰克曼(Robert W.Jackman)的《不需暴力的权力》一书,它是一部集制度能力与制度作用理论和国家(政治)能力研究于一体的论著。与诺德林格的论述一致,杰克曼运用了制度年龄与合法性来度量一个国家的政治能力②,除杰克曼的这部著作外,其他不少关于国家能力研究的作品,如《找回国家》、《强社会与弱国家》等,也都是采用的历史制度主义的分析方法。另一部值得一提的著作是彼得·霍尔于1986年出版的《驾驭经济:英国与法国国家干预的政治学》③。作者通过比较研究英国与法国的制度结构来分析两国经济政策发展与走向之间的差异。霍尔希望通过思考对经济政策与绩效国别差异的替代性解释,引发大家关注制度结构所起的作用。在中国,杨光斌与霍尔有类似的观点,认为"政治制度决定着以产权和市场为核心的经济制度,而经济制度决定了制度的

---

① 关于诺德林格的论述,转引自刘圣中:《历史制度主义:制度变迁的比较历史研究》,上海:上海人民出版社2010年版,第137页。
② [美]罗伯特·W.杰克曼:《不需暴力的权力——民族国家的政治能力》,欧阳景根译,天津:天津人民出版社2005年版,第158—199页。
③ Peter A.Hall, Governing the Economy: The Politics of State Intervention in Britain and France, Oxford: Oxford University Press, 1986. 中译本:[美]彼得·霍尔:《驾驭经济:英国与法国国家干预的政治学》,刘娟凤、叶静译,南京:凤凰出版传媒集团2008年版。

绩效"①。其著作《制度的形式与国家的兴衰》（2005 年）以及《政治变迁中的国家与制度》（2011 年）也都是历史制度主义方法之于国家研究的例证。

第二节　关于国家能力

何谓"国家能力"？国内外对于这个概念尚未形成简明、清醒而又统一的定义，但它却已经成为日益流行的术语。国家能力可以是一个内涵和外延都非常广泛的概念，本书所论述的国家能力主要指政治学研究范式之下的、以政治能力为核心的能力。

一、国家能力研究基础

（一）国外学者对国家能力的研究基础

国家能力（state capacity / state capability）②是政治学界关于国家理论（state theory）研究的重要领域之一。从古希腊时代起，政治思想家们就没有停止过对国家理论问题的研究。然而到 20 世纪 50 至 60 年代，以国家为中心的传统政治学受到当时盛行于美国和其他西方国家的行为主义革命的影响。政治学也开始朝着经验科学的方法发展，定量研究与跨学科研究成为其主流分析工具，"社会中心论"的统治性影响使得"国家"与"政府"都成为被忽视的概念，最多被看作是分析经济

---

① 杨光斌：《中国经济转型中的国家权力》，"内容提要"，北京：当代世界出版社 2003 年版，第 1—2 页。

② 国外学者对于这个术语的用词有所不同。例如：西达·斯考切波在《找回国家》（Brining the State Back in）一书中使用的是"state capacity"，而乔尔·米格代尔在《强社会与弱国家：第三世界的国家社会关系及国家能力》（State-Society Relations and State Capabilities in the Third World）一书中使用的是"state capability"。

与社会活动的一个舞台。直到20世纪70至80年代,随着"回归国家"(brining the state back in)① 运动的兴起,对"国家"的研究才重新受到重视。

在此转变的过程中,有两部著作产生了较大的影响。一部是卡尔·波兰尼于1944出版的《大转型:当代政治与经济的起源》,另一部是萨缪尔·P.亨廷顿在1968年出版的《变革社会中的政治秩序》。前者是对当时主流市场决定论的挑战,波兰尼认为自律性市场经济是存在缺陷的,需要扩大政府在国内与国际的角色。后者是对传统现代化理论的质疑,亨廷顿在对第三世界国家现代化发展道路的研究中提出政治制度的重要性,认为政治发展遵循独立于经济发展的、自身的逻辑,并认为第三世界国家如欲根除国内政治动荡和衰败,必须建立起强大的政府。

1. 以国家/政府为中心的国家能力观

在这种政府作用论与制度作用论的影响下,20世纪70年代末起,出现了以西达·斯考切波为代表的一批学者,他们用比较历史的分析方法,将国家视为中心议题,从宏观结构层面考察不同国家所采取的政治、经济与社会政策及其影响,并由此而引发了对国家能力的讨论与思辨。

斯考切波在《国家与社会革命》(1979年)一书中指出,国家处于阶级分化的社会经济结构与国际体系的交界面,因此具有潜在的自主性。② 随后,她又在《找回国家》(1985年)一书的导论《找回国家——当前研究的战略分析》中指出,若进一步思考"国家自主性"

---

① 概念引自:Peter B.Evans, Dietrich Rueschemeyer and Theda Skocpol (eds.), *Bringing the States Back In*, Cambridge Cambridge University Press, 1985. 中译本:[美]彼得·埃文斯、迪特里希·鲁施迈耶、西达·斯考切波:《找回国家》,方力维、莫宜端、黄琪轩等译,北京:生活·读书·新知三联书店2009年版。

② Theda Skocpol, *States and Social Revolutions: A Comparative Analysis of France, Russia and China*, Cambridge: Cambridge University Press, 1979, pp.32-33.

（state autonomy）的问题，就需要考察国家实施这种官方目标时的"能力"（capacity），尤其是在面对社会集团强力反对或是不利的社会经济环境下实现其目标的能力。①

该书的三位编著者组织学者围绕国家与经济发展、国家与跨国关系、国家与社会冲突模式三个议题进行归纳分析，试图"把国家找回来"。在结论中，他们总结这本书试图撇开新马克思主义者与新韦伯主义者关于国家力量或国家能力之强弱的争论（认为两者并不在同一语境下），试图深入挖掘有关国家结构和行为的不同情况，通过"寻找一种/几种特殊的组织结构，并证明这类结构的存在（或缺失）对政府权威有效推行既定任务的能力而言非常关键"②这种方式来研究国家能力。此外，他们还证明了不同类型的国家模式之间并非必然存在正向关系。他们强调，不能将"国家能力"与"国家自主性"混为一谈，要用比较历史的方法来研究国家能力。他们"并没有总结出一个全新的整体国家理论"③，却认为"必须将国家能力的特定维度，以及国家行为者与其他社会集团之间一系列可能的关系细致地进行概念化"④。然而，至于究竟如何进行概念化？作者们并未给出确切的答案。

此外，还有一些学者专门针对国家的核心组织——政府的能力及其与国家能力之间的关系建设进行了论述。例如，罗伯特·W.杰克曼

---

① Peter B. Evans, Dietrich Rueschemeyer and Theda Skocpol (eds.), *Bringing the States Back In*, Cambridge: Cambridge University Press, 1985, p.9.

② [美]彼得·埃文斯、迪特里希·鲁施迈耶、西达·斯考切波：《找回国家》，方力维、莫宜端、黄琪轩等译，北京：生活·读书·新知三联书店2009年版，第478页。

③ [美]彼得·埃文斯、迪特里希·鲁施迈耶、西达·斯考切波：《找回国家》，方力维、莫宜端、黄琪轩等译，北京：生活·读书·新知三联书店2009年版，第483页。

④ [美]彼得·埃文斯、迪特里希·鲁施迈耶、西达·斯考切波：《找回国家》，方力维、莫宜端、黄琪轩等译，北京：生活·读书·新知三联书店2009年版，第484页。

(Robert W. Jackman) 在《不需暴力的权力：民族国家的政治能力》①一书中，以政治能力为切入点，将国家能力的构成进行了另一种视角的划分，他认为政府规模是国家力量的一种体现，且与上述学者观点不同的是，他认为国家自主性是国家力量的另一种体现。此外，他从更为微观的层面进行分析，提出了以制度年龄与合法性为核心的国家政治能力的度量标准。进入21世纪，弗兰西斯·福山（Francis Fukuyama）先后于2011年和2014年出版了他的系列作品姊妹篇《政治秩序的起源》②以及《政治秩序与政治衰败》③。其核心论点是现代的、良好的政治秩序有三个核心组成要素：一个拥有强大国家能力的国家（the state），以及法治（rule of law）与责任制政府（accountable government）。福山对国家能力的探讨主要集中于政治机构这一行为主体，认为国家能力与政治权力有内在的关联。福山与杰克曼分别从宏观与微观视角论证了政府及其制度能力的重要性，两者同时也都重视合法性问题。

2. 以社会为中心的国家能力观

上述以国家/政府为中心的国家能力观问世后，许多评论者将"把国家找回来"论点解释为"把社会踢出去"，批判斯考切波等人研究时静态的分析，认为他们虽然在概念上强调要将国家能力放在国家与社会互动关系的视角下进行研究，但在具体的案例分析过程中还是忽略了对这种互动的分析。

---

① Robert W. Jackman, *Power without Force: The Political Capacity of Nation-States*, Ann Arbor, Michigan: University of Michigan Press, 1993. 中译本：[美] 罗伯特·W.杰克曼：《不需暴力的权力——民族国家的政治能力》，欧阳景根译，天津：天津人民出版社2005年版。

② Francis Fukuyama, *The Origins of Political Order: from Prehuman Times to the French Revolution*, New York: Farrar, Straus and Giroux, 2011. 中译本：[美] 弗兰西斯·福山：《政治秩序的起源：从前人类时代到法国大革命》，毛俊杰译，南宁：广西师范大学出版社2012年版。

③ Francis Fukuyama, *Political Order and Political Decay: from the Industrial Revolution to the Globalization of Democracy*, New York: Farrar, Straus and Giroux, 2014.

有代表性的批判之作是乔尔·S.米格代尔（Joel S.Migdal）于1988年出版的《强社会与弱国家：第三世界的国家社会关系及国家能力》①，他将社会纳入国家能力的分析框架，提出国家能力是按照某种特定的秩序组织社会生活的能力，认为国家强大是建立在社会弱小基础之上的。除了下定义之外，他还对国家能力进行了分类，将其归纳为"提取、渗透、规制（调节社会关系）和分配（以特定方式配置或运用资源）四大能力"②。

然而，正如米格代尔一书的译者张长东在概述序言中总结的③，米格代尔的社会中心国家能力观，一方面只关注了第三世界国家的国家能力问题，并没有关注政治制度对国家能力的影响；另一方面，被部分学者批判只关注了国家与社会零和博弈的一面，而没有考虑两者双赢，甚至"强国家，强社会，强经济"④ 三赢的可能性。

3. 以市场为中心的国家能力观

暂且不讨论上述"三赢"是否可能以及如何可能实现，至少在"国家/社会关系"炙热的争论之外，确有一批学者从如何推动经济发展的角度在思考国家能力问题，从而形成了以市场为中心的国家能力观。

---

① Joel S. Migdal, *Strong Societies and Weak States: State – Society Relations and State Capabilities in the Third World*, Princeton: Princeton University Press, 1988. 中译本：[美] 乔尔·S.米格代尔：《强社会与弱国家：第三世界的国家社会关系及国家能力》，张长东、朱海雷、隋春波、陈玲译，张长东校，南京：凤凰出版传媒集团、江苏人民出版社2009年版。

② 张长东：《国家治理能力现代化研究——基于国家能力理论视角"》，载《法学评论》（双月刊），2014年第3期，第27页。

③ [美] 乔尔·S. 米格代尔：《强社会与弱国家：第三世界的国家社会关系及国家能力》，张长东、朱海雷、隋春波、陈玲译，张长东校，南京：凤凰出版传媒集团、江苏人民出版社2009年版，第3页。

④ 译者在此引述了罗伯特·帕特南（Robert D. Putnam）的表述，参见 Robert D. Putnam, Robert Leonardi and Raffaella Nanetti, *Making Democracy Work: Civic Traditions in Modern Italy*, Princeton: Princeton University Press, 1993.

例如，琳达·维斯（Linda Weiss）与约翰·M.霍布森（John M. Hobson）于 1995 年合作出版了《国家与经济发展：一个及历史的分析》①。该书尝试发展一种解释经济变迁的新的国家主义分析模式，认为国际上许多国家发展方式的争议都狭隘地聚焦于私人市场与中央官僚的对立上。维斯与霍布森借鉴了米格代尔对国家能力的分类，并提出由渗透能力、汲取能力与协调能力构成的国家的建制性力量，同时还提出了"治理式互赖"（governed interdependence）的概念，认为当"治理式互赖"发生时，这种基于建制性力量的国家能力就能实现最大化。②

（二）中国学者对国家能力的研究基础

与国外学者更多关注国家能力内核不同的是，中国学者似乎更关注国家能力的外延。在拓展其外延的同时，一些学者也开展了与国家能力相关的子领域能力问题研究。

中国最早对国家能力进行研究的学者是王绍光。1990 年，王绍光在《建立一个强有力的民主国家：兼论"政权形式"与"国家能力"的区别》一文中，首次给出了国家能力的概念及其公式。他把国家能力定义为国家实际实现的干预程度与国家希望达到的干预范围之比。他将国家能力分为四种能力，分别是：汲取财政能力，宏观经济调控能力，合法化能力，与社会控制能力。作者在文章中还强调"国家的政权形式与国家能力之间没有必然的联系，应该把国家干预经济社会的外延范围

---

① Linda Weiss and John M. Hobson, *States and Economic Development: A Comparative Historical Analysis*, Cambridge: Polity Press, 1995. 中译本：[澳] 琳达·维斯、约翰·M.霍布森：《国家与经济发展——一个比较及历史性的分析》，黄兆辉、廖志强译，长春：吉林出版集团有限责任公司 2009 年版。

② [澳] 琳达·维斯、约翰·M.霍布森：《国家与经济发展——一个比较及历史性的分析》，黄兆辉、廖志强译，长春：吉林出版集团有限责任公司 2009 年版，第 273 页。

(how extensive)与力度或有效程度(how effective)区别开来"①。随后,王绍光与胡鞍钢合作出版了《中国国家能力报告》②,从政治经济学的角度提出国家能力的概念和内容,并分析影响国家能力特别是国家汲取财政能力的各类因素,旨在促进决策者推动制度创新的改革。迈克尔·曼(Michael Mann)曾提出"专制权力"与"基础权力"的分类③,王绍光基于此对国家基础权力进行了八种类别的梳理与细分,其后,欧树军又在前两者的基础上,提出国家的认证能力是国家基础能力的基础④。

中国学者在研究国家能力时,不仅延伸了国家能力的内涵,还拓展了其外延。在前期对国家能力研究的基础上,王绍光近年来开始拓展对国家治理的研究。他在最新出版的《国家治理》一书中论述了国家治理与国家能力的关系。他指出,"进入治理阶段后,一方面,全世界都在讲,国家要少管,让其他力量来管,但是另一方面又出现了一个国家能力(state capacity)的问题。国家可以放权,但是放权必须有度,超过一定的度,就存在很大的危险,即国家基本能力被削弱"⑤,并总结在此阶段,"治理和国家能力要结合起来,才会是一种比较好的状态"⑥。另一位学者张长东在对国家能力进行理论梳理的基础上,也开展了国家治理能力现代化的研究。他比较分析了国家能力与治理能力在五个方面的差异,认为国家能力的理论远远比国家治理能力更为丰富,

---

① 转引自王绍光:《安邦之道:国家转型的目标与途径》,北京:生活·读书·新知三联书店2007年版,第3页,"探索安邦之道",胡鞍钢代序。
② 王绍光、胡鞍钢:《中国国家能力报告》,沈阳:辽宁人民出版社1993年版。
③ Michael Mann, "The Autonomous Power of the State: Its Origins, Mechanisms and Results", *European Archive of Sociology*, Volume 25, 1984, pp.185-212.
④ 欧树军:《国家基础能力的基础》,北京:中国社会科学出版社2013年版。
⑤ 王绍光:《国家治理》,北京:中国人民大学出版社2014年版,第102页。
⑥ 王绍光:《国家治理》,北京:中国人民大学出版社2014年版,第103页。

还基于国家能力理论提出了治理能力的类型学划分①。再如，黄清吉基于其博士论文新近出版的《论国家能力》一书提出了"国际体系维度的国家能力观"，认为"国家能力不能单从国家自身来说明，需将国家置于国内社会和国际体系中他国相互作用的复合关系中来理解"②，认为国家需同时兼具"实施对社会的统治与管理的能力"以及"应对他国竞争与挑战的能力"。此外，欧阳景根在应对突发事件的视野下选取了中国、美国、印尼进行政治能力与政府危机管理能力的比较研究。③这些都是对国家能力的拓展研究。

二、对国家能力的界定

本书前一节对现有的国家能力理论研究，尤其是国外的主流研究进行了分类梳理，是为了在"国家能力"这个术语的概念界定并不明晰、相关研究方法众说纷纭的前提下，尽可能深入地对国家能力的内涵进行解剖，并试图寻找出一个较为合理的分析框架。在此基础上，本书认为，在研究国家能力时，首先需要进行如下界定：

第一，需要明确对国家能力内涵与外延的界定。当前对国家能力理论研究的既有成果中，对国家能力内涵与外延的界定往往不够清晰，尚缺乏对国家能力的整体性认识。王仲伟、胡伟也提出过这个问题，他们虽然进行了积极的尝试，在《国家能力体系的理论建构》一文中构建了一个国家能力体系的逻辑结构图，试图弥补这个缺憾。该结构囊括了对外与对内两个方面，以及国家与市场、国家与社会、国际体系这三个维度，同时也进行了硬性能力与软性能力的划分。然而，却并没有讨论

---

① 张长东：《国家治理能力现代化研究——基于国家能力理论视角》，载《法学评论》（双月刊），2014 年第 3 期，第 31 页。
② 黄清吉：《论国家能力》，北京：中央编译出版社 2013 年版，第 26—27 页。
③ 欧阳景根：《国家能力研究：应对突发事件视野下的比较》，长春：吉林出版集团有限责任公司 2011 年版。

该体系结构中各要素之间如何互动，以及在何种条件下，能实现国家能力的最大化。对于本研究而言，对国家能力内涵的界定将主要参考英国学者迈克尔·曼所定义的国家的基础性权力，实际上是指国家渗透市民社会，在其统治的领域内有效贯彻其政治决策的能力。至于国家能力的外延，尽管同时从国内与国际两个层面理解国家能力具有其合理性，即国家能力既包含在一个国家领土范围内的决策及其贯彻执行的能力，也包含一个国家在国际体系中所呈现出的对外的影响力，但为了研究对象能更加聚焦，本书仅将此处所研究的国家能力的外延限定在国内层面。

第二，讨论一个国家在其统治的领域内有效贯彻其政治决策的能力，实际上是讨论一个国家对内的善治能力，这需要引入政府、市场与社会等不同的要素，进行结构化与系统化的分析。对跨越边界以及跨越不同主体的治理能力的研究正在逐渐成为国家能力研究的新趋势与重点。国家能力从"资源汲取式能力"到"建制性能力"的演变过程，实际上也是国家运行方式从政府的单向管理走向政府、市场、社会多要素多向治理的过程。福山在其研究中强调负责任的政府在一个治理良好的社会中所发挥的重要作用，王绍光密切关注中国国家治理的问题，此外，当前以国家治理为基础的全球治理话题的关注度也在日益提升，这都表明国家治理能力将成为国家能力研究的重点。俞可平在《论国家治理现代化》一书中提出，"要实现善治的理想目标，就必须建立与社会经济发展、政治发展和文化发展要求相适应的现代治理体制，实现国家治理体系的现代化。……有了良好的国家治理体系，才能提高国家的治理能力；反之，只有提高国家治理能力，才能充分发挥国家治理体系的效能。"① 杰索普（Bob Jessop）的国家理论中提到了"国家元治理"的概念。他认为市场治理、国家治理（此处可理解为政府）与自组织

---

① 俞可平：《论国家治理现代化》（修订版），北京：社会科学文献出版社2015年版，第4—5页。

第一章　历史制度主义视野下的国家能力：概念界定与理论框架

治理都存在失败的可能性，从根本上调整市场—国家（此处可理解为政府）—公民社会之间的关系，需要组织简洁协作的"元结构"或"元治理"①。本书批判地借用杰索普的这一理念，认为对于国家"元治理"的能力而言，政府发挥着基础性的作用。总而言之，国家治理能力是贯穿于整个国家治理体系之中的，而在政府主导之下，一个国家对内的治理能力又是国家能力的重要组成部分，因此，研究国家能力，需要在整个国家运行的系统框架之下，深入剖析不同层次与结构中的能力，尤其是对内的治理能力。

第三，在分析国家能力的过程中需要重视国际因素对国内结构的影响及作用。缺乏国际与国内的互动研究是当前国内外对国家能力研究成果中所表现出来的问题之一，绝大多数研究都只是聚焦于对国家内部结构的讨论，而将国际因素引入国家能力建构的研究案例并不多见。尽管《找回国家》一书中有对国家与跨国关系的讨论，认为国家因其身处跨国进程与国内进程交界处而具有两面性，因此"它们的结构、能力和政策总是会受到它们所处的特定的世界历史环境中某些因素的影响"②；琳达·维斯也提到过"国家结构与能力的差别会影响经济表现，但它也深受环境的影响，特别是国际环境"③，但他们提到的国际环境都只是因变量，而非自变量。国内学者黄清吉提到过将国际竞争力等作为外部元素的能力纳入国家能力的整体概念范畴，但也没有论述国家对内的能力与对外的能力之间，以及他们与国家整体能力之间的关系。近年来，国际制度与国内政治的互动研究受到了越来越多学着的关注，也取得了

---

① 何子英：《杰索普国家理论研究》，杭州：浙江大学出版社2010年版，第144—156页。

② [美] 彼得·埃文斯、迪特里希·鲁施迈耶、西达·斯考切波：《找回国家》，方力维、莫宜端、黄琪轩等译，北京：生活·读书·新知三联书店2009年版，第476页。

③ [澳] 琳达·维斯、约翰·M.霍布森：《国家与经济发展：一个比较及历史性的分析》，黄兆辉、廖志强译，长春：吉林出版集团有限责任公司2009年版，第280页。

不小的进展，尤其是国际制度对国内政治影响的分析可以为我们研究国家能力问题带来诸多启示。例如，田野在《国家的选择：国际制度、国内政治与国家自主性》一书中建立了一个国际制度如何增强国家自主性的理论框架。但也正如作者本人所言，"在国际制度的维度上，本书并没有将国际制度的形式设计与国际制度的国内影响联系起来加以探讨"。① 因此，本书将基于前人的研究成果，在既有理论分析框的基础之上，通过案例研究的方式，进一步聚焦一个国家在与外界不断交融的过程中如何在变化中的国际层面制度安排与设计的影响之下制定或调整本国的制度设计与政策措施，以及这些国内的制度安排进而又如何影响这个特定国家的国内结构及其对内的治理能力。

基于以上对国家能力内涵及外延、核心主体、构成要素以及研究方法的界定，作者认为，国家能力可以被定义为一个国家在其政府主导之下，在国家所辖范围内进行有效治理的能力，具体而言，包括在维护政治稳定能力基础之上的促进经济发展能力、优化社会治理能力以及引领未来发展的科技创新能力四大方面内容。尽管此处所讲的国家能力主要聚焦在一个国家领土内部的范围，然而，在全球化背景之下，来自外界的国际因素同样会对国家能力产生深刻的影响。

具体而言，根据图1所示，如果整个圆形（O）代表国家能力，那么三角形的底边（a）则代表国家维护政治稳定的能力，两个侧边（b）和（c）分别代表促进经济发展的能力与优化社会治理的能力，而顶点（p）则代表引领未来发展的科技创新能力。

政治稳定是指一定社会的政治系统保持动态的有序性和连续性。亨廷顿（Samuel Phillips Huntington）认为，政治稳定并不意味着政治系统各要素没有变化，而是指政治系统内部的主要成分，如基本政治价

---

① 田野：《国家的选择：国际制度、国内政治与国家自主性》，上海：上海人民出版社2014年版，第259页。

第一章 历史制度主义视野下的国家能力：概念界定与理论框架

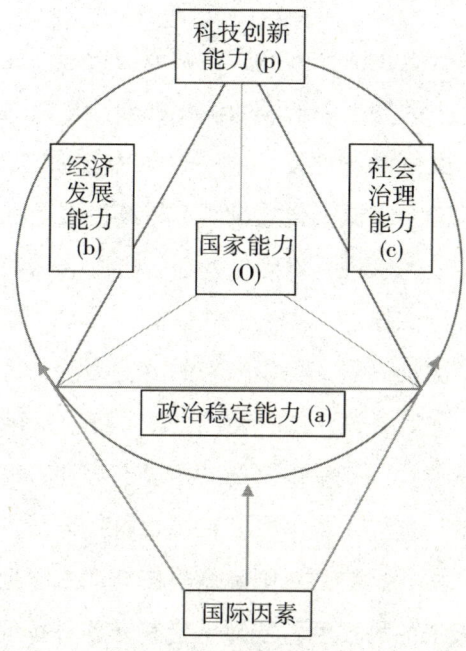

图 1 对国家能力的界定

值、政治文化、基本政治制度或宪政结构比较持续或比较平缓的变化。对于一个国家而言，政治稳定主要包括其主权稳定、政府稳定、政策稳定、政治生活秩序稳定以及社会政治心理稳定等方面。因此，维护国家政治稳定的能力，就是指要确保国家政治制度和国家政治权力主体的相对稳定，国家政治生活的稳定，国家政策、法律、法规的相对稳定以及社会秩序的稳定。

经济发展是推动一个国家不断向前发展的主动力。经济发展就是在经济增长的基础上，一个国家或地区经济结构和社会结构持续高级化的创新过程或变化过程。其中的发展既包括经济规模与总量的增长，也包括经济结构的优化与调整。因此，一个国家促进经济发展的能力是要关注该国如何确保经济规模增长、经济结构调整以及经济质量提高这三者之间实现良性互动，如何为国家的长远发展提供不竭的动力源泉。

社会治理涉及社会生活方方面面的调节与管理。此处，社会被理解为对象，而非主体。因此本书所说的优化社会治理能力是指在政府主导以及其他各类主体共同参与之下，对一个国家在人口增长、就业服务、教育、医疗、公共卫生、城市化建设、可持续发展等社会生活各方面事务所开展的良性调节与管理，以确保社会运行的和谐与稳定，并为经济发展提供良好的辅助支撑。

科技创新则是驱动发展、引领未来的关键力量，可以帮助国家占领先机、赢得优势。尤其是进入 21 世纪以来，新一轮科技革命和产业变革蓄势待发，全球科技创新呈现出新的发展态势和特征。科技创新的要素在全球加速流动，世界主要国家都在寻找科技创新突破口，抢占未来经济科技发展的先机，这势必对国际竞争格局产生深远影响。对于一个国家而言，引领未来的科技创新能力是指其完善科技创新治理体系，优化科技创新资源配置的能力，提高投入与产出的效率，打造并不断提升国家的核心竞争力。

就四者之间的关系而言，维护政治稳定的能力是基础性的国家能力，与国家政治制度的设计密切相关；促进经济发展的能力、优化社会治理的能力和引领未来发展的科技创新能力则与所在领域具体的政策措施密切相关；这四方面能力共同构成国家对内的治理能力。在四方面治理能力同时增强的前提下，国家的整体能力将得到提升。来自外界的国际因素会对国家能力产生影响，其影响模式首先是对国内的政治制度以及维护政治稳定的能力产生影响，进而影响到经济发展、社会治理与科技创新这三方面的治理能力乃至整体性的国家能力。

第三节 分析框架解析

透过本章前面对欧洲化、历史制度主义以及国家能力的概念与理论分析可以得出如下结论：历史制度主义是研究欧洲化对葡萄牙国家能力影响这一议题颇为适用的理论方法。

为了更好地验证上一节中对国家能力界定，以及验证以上分析框架的合理性，本书将以葡萄牙作为国别研究案例。首先，通过分析与归纳前人对国家能力研究成果，形成自己对国家能力的研究与分析框架。其次，结合上述框架，基于前文对葡萄牙国别研究的综述以及对葡萄牙欧洲化的界定，通过梳理葡萄牙欧洲化的历史演进与制度变迁，分析葡萄牙在参与欧洲一体化过程中如何适应欧共体/欧盟的制度安排，以及如何在欧共体/欧盟制度安排的影响下制定和调整旨在促进本国发展的制度与政策措施。最后，在此基础上通过对葡萄牙参与欧洲一体化前后在政治、经济、社会以及科技创新等发展领域所发生的变化进行历史比较分析，进而判断欧洲化对葡萄牙国家能力的影响。

也就是说，本书试图分析葡萄牙的欧洲化这个动态自变量产生了怎样的制度变化的中间变量，进而如何对国家能力这个因变量产生最终的影响（分析框架参见图2）。需要说明的是，"制度变化"这个中间变量中的"制度"，既包括欧盟的制度也包括葡萄牙的制度，以及葡萄牙针对欧盟的制度安排而专门设计的本国的对接制度；不仅指代宏观层面的制度结构与安排，尤其是政治制度，还指代中观以及微观层面的具体政策措施。在这一分析过程中，本书将采用国际关系学与比较政治学跨学科的研究路径，开展国际—国内的互动研究，需要重点引入的是历史制度主义的研究方法，同时辅以分析归纳以及反向论证等其他研究方法。

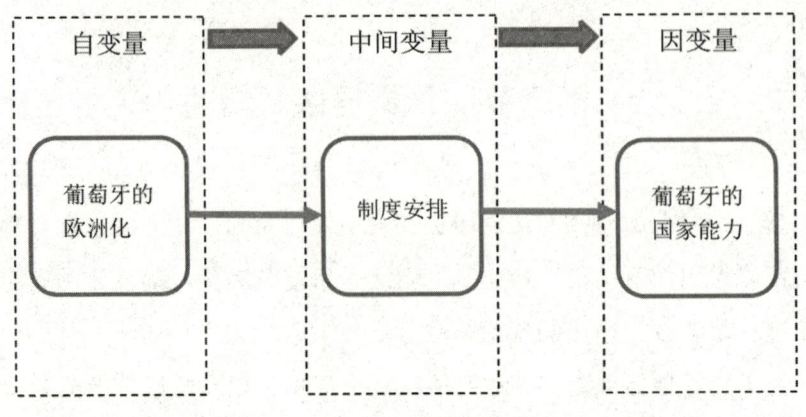

图 2 本书的分析框架

本书分析框架的核心在于剖析欧洲化这个自变量与国家能力这个因变量之间的中间变量，即制度安排与制度的变迁。具体而言，本书将关注如下四个方面的制度（包括宏观层面的制度与中观及微观层面的政策措施）：基础性的政治制度、经济发展相关政策、社会治理相关政策以及科技创新相关政策。欧盟的政治制度及其对成员国政治制度所提出的要求影响着成员国政治制度的发展；欧盟的区域政策作为一个政策合集，也影响着成员国的经济发展，这主要体现于欧盟区域政策与成员国对接政策共同产生的作用力；此外，覆盖诸多方面的欧盟社会政策以及科技创新政策也都影响着成员国相关政策的制定与发展变化。

第二章　葡萄牙的欧洲化：历史的演进

如前文所述，本书将葡萄牙的欧洲化界定为葡萄牙参与欧洲一体化，适应欧共体/欧盟制度安排的过程。在此，可以通过两个不同的维度对这一历史的演进过程进行划分。首先，从属性的维度进行划分，葡萄牙欧洲化的历史进程可以大体划分为两个阶段：第一阶段，葡萄牙尚不是欧共体/欧盟的成员国，但是在主动申请加入；第二阶段，成功加入欧共体/欧盟之后，葡萄牙以成员国的身份与该组织进行互动。其次，从时间的维度进行划分，第一阶段又可以进一步细分为两个子阶段，分别是：葡萄牙重要历史事件"4·25革命"之前的申请过程与"4·25革命"之后的申请过程；第二阶段也可以进一步细分为三个子阶段，即：1986年至1992年入盟之初的适应期、1992年至2000年深度融合的活跃期以及2000年至今在徘徊质疑中的前进期。对于加入欧共体/欧盟之后三个子阶段的划分，主要依据是在不同时间阶段及其相应的历史背景下，葡萄牙参与欧洲一体化的主观态度以及与欧共体/欧盟之间关系的客观状态所呈现出的不同特征。下文将分别对各阶段的历史演进进行归纳与梳理。

第一节　欧洲化之前的葡萄牙

一、从边缘小国到欧洲先驱

葡萄牙位于欧洲的西南部，其首都里斯本以西的罗卡角是欧洲大陆的最西端。曾经称霸北大西洋的凯尔特人（Celta）大约在公元前1000年抵达伊比利亚半岛的大西洋沿岸地区居住，他们可谓今日葡萄牙境内的早期住民，但并没有留下对此地的任何称呼。公元前140年前后，罗马帝国抵达葡萄牙，并为船只首先停靠的地点杜罗河岸口命名，称其为"温暖的港口"（拉丁语：Portus Cale）。葡萄牙（Portugal）一词由此演变而来。罗马人征服葡萄牙后，将其划归为罗马帝国的一个省，命名为"卢济塔尼亚省"（Lusitania）。公元5世纪，日耳曼部落入侵伊比利亚半岛，后被西哥特人驱逐出境。公元711年，北非穆斯林摩尔人入侵伊比利亚半岛，西哥特王朝基本灭亡，仅存于葡萄牙北部地区仍在信奉天主教的哥特贵族手里。哥特人在"收复失地运动"后重新统治伊比利亚半岛。1143年，阿丰索·恩里克斯（D. Afonso Henriques），即阿丰索一世，在多年的独立斗争后建立了葡萄牙王国，这也是在欧洲建立起的第一个独立的民族国家。1297年阿丰索三世（D. Afonso III）国王奠定了现代葡萄牙在欧洲大陆的疆域，并延续至今。

15世纪，当被誉为"航海家"的恩里克（Infante D. Henrique）王子开始出资赞助沿着非洲海岸南下的探险活动以寻找奴隶、黄金和香料时，葡萄牙是一个贫穷的小国，被排挤在欧洲事务之外，并被强大的邻国卡斯蒂利亚包围和压制。然而恰恰是这种逆境中求生存的海上探险之路，成就了葡萄牙一度的辉煌。"它缔造了一种新型的、形式灵活的帝国,以机动的海权为基础,并创造了欧洲殖民扩张的模式。荷兰人和英国人紧随其后。"[1] 到 16 世纪,葡萄牙处于全盛时代,它的足迹遍布非、亚、美三大洲,所到之处开拓了大量的殖民地,与西班牙同为当时最大的海上强国。这段时期内,无论在经济、政治、文化上,葡萄牙都已远远超越了欧洲其他国家。

二、陨落的先驱独善其身

然而,葡萄牙的辉煌仅维持了一个世纪多一点。随着其他欧洲国家陆续投入海外殖民的行列,葡萄牙的海上霸权地位遭到挑战,其国力与海外势力开始下滑。因皇室联姻之故,葡萄牙在 1580 年一度被并入西班牙,直到 1640 年才摆脱其统治重新恢复独立。1807 年,整个伊比利亚半岛遭到法国拿破仑军队的入侵,1808 年,里斯本被法军占领,葡萄牙的布拉干萨王室(Dinastia de Bragança)一度迁都到南美殖民地巴西的里约热内卢(Río de Janeiro),直到 1821 年才将国都迁回里斯本。1810 年,在里约热内卢的葡萄牙王室被迫与英国签订了《英葡协定》,正式开放了巴西的港口。巴西于 1815 年在"维也纳会议"上被各国承认其独立王国的地位,并于 1822 年正式宣布独立。

此后的葡萄牙,对外继续与英国结盟却又试图摆脱英国的过度干预。在国内,各种阶级革命应运而生,直到 1910 年葡萄牙共和国诞生。1926 年,改制后的葡萄牙再度发生军事政变,安东尼奥·卡尔莫纳(António Carmona)建立起军事独裁政权。该政府的财政部长安东尼奥·奥利维拉·萨拉查(António Oliveira Salazar)于 1931 年组织起"国民同盟",并在此基础上建立起法西斯独裁的国家体制,名为"新国家"(葡文简称:Estado Novo)。萨拉查于 1932 年就任总理,直到

---

[1] [英]罗杰·克劳利:《征服者:葡萄牙帝国的崛起》,陆大鹏译,北京:社会科学文献出版社 2016 年版,第 403 页。

1968年因病才交权给继任者。该政府于1974年在"4·25革命"中被推翻，成为欧洲在位最久的独裁政府之一。革命后，葡萄牙放弃了全部的海外殖民地，开启民主化进程。在此期间，葡萄牙在两次世界大战中均没有直接参战。但在第一次世界大战中葡萄牙国会投票通过与英、法结盟，在战争中对英国的陆军和海军给予协助。在第二次世界大战中，葡萄牙对外宣告中立立场，为了维持自身的独裁统治，国内的法西斯政权实际上倾向于轴心国集团，却又将其领土亚速尔群岛提供给同盟国作为军事基地。战后，葡萄牙迅速加入北大西洋公约组织（NATO），接受马歇尔计划，并于1951年与美国签订《军事援助协定》，允许美国在其属地建立军事基地。

从早期葡萄牙发展的历史可以看出，在各个国家、各个民族、各种文化不断碰撞不断交融的世界历史发展大趋势下，位于欧洲的葡萄牙与欧洲各国或多或少地产生了诸多交集。但或许是由于地处在欧洲大陆的边缘，葡萄牙骨子里又透露出一种独善其身的倾向。在早期的历史中，葡萄牙一直没有将自身视为欧洲的一部分，而是世界范围内的一个特有的民族国家。秉承小国大外交理念的葡萄牙曾经一度站在联结欧洲、非洲、拉丁美洲乃至亚洲各地区的顶点。葡萄牙在外交政策方面历来重视三类关系（也被称为葡萄牙外交的"三大支柱"）：与英、美等国的跨大西洋关系，与前殖民地之间建立起的葡语国家共同体（CPLP）之间的关系，与欧洲大陆国家之间的地区关系。在20世纪70年代以前，对于葡萄牙而言，对欧关系并不及其跨大西洋关系以及与海外殖民地的关系重要。直到20世纪70年代以后，尤其1986年正式加入欧共体/欧盟之后，积极融入欧洲、加强对欧关系才被列为葡萄牙的外交战略之首。

第二节　葡萄牙申请加入欧共体/欧盟的过程

一、"4·25革命"之前的申请

第二次世界大战结束以后,葡萄牙并没有像其邻国西班牙那样与国际社会隔离,葡萄牙是北大西洋公约组织的创始国之一,参加了欧洲经济合作组织(OEEC)、欧洲支付联盟(EPU)等区域性国际组织,也被纳入了马歇尔计划。尽管如此,葡萄牙却在较长一段时间内一直被当时的欧洲经济共同体拒之门外。

20世纪60年代,仍在萨拉查统治下的葡萄牙开始寻求进一步融入欧洲市场。1962年,葡萄牙首次提出加入欧共体的申请,但由于两方面原因遭到拒绝。首先,葡萄牙当时还不是欧共体所要求的,具备多元民主政治制度的国家,这是使葡萄牙不满足成为欧共体成员国的核心要件。萨拉查的独裁统治政体以及当时葡萄牙对去殖民化的顽固抵抗成为该国被欧共体拒之门外的主要原因。其次,源于长期与英国保持的特殊关系,葡萄牙当时加入了由英国主导的欧洲自由贸易联盟(EFTA),并因此遭到欧共体主导成员国之一的法国的坚定否决。

1970年,葡萄牙第二次提出申请加入欧共体,但仍因为上述原因遭到拒绝。直到20世纪70年代欧共体开始与EFTA国家试探性对话,欧共体在1972年与包括葡萄牙在内的EFTA成员国签署了自由贸易协定后,为EFTA成员国后期加入欧共体提供了可能性。对于葡萄牙而言,于1974年在国内发生的"4·25革命"则是其与欧共体之间进行谈判的关键转折点。

二、"4·25革命"之后的申请

1974年4月25日,葡萄牙一批不满现状的中下级军官组成的"尉官运动"(后改称"武装部队运动")发动军事政变,推翻统治葡萄牙长达40多年的极右独裁政权。政变成功后,葡萄牙宣布实行"非殖民化政策",放弃在海外的殖民地,先后让安哥拉和莫桑比克独立。这一和平式军人政变惊动了国际社会,欧共体谨慎地密切观察在葡萄牙所发生的转变。除了改变葡萄牙的殖民国家身份外,"4·25革命"也开启了葡萄牙的多党民主化进程。社会党(葡文缩写:PS,Partido Socialista)提出的"社会—民主"模式得到另一个主流政党,即当时的民主人民党(葡文缩写:PPD,Partido Popular Democrático,后更名为社会民主党,葡文缩写:PSD,Partido Social Democrático)的支持,并在革命后奠基式的选举中取得民主合法性。[1]

1974年5月3日,第一届临时政府的外交部长马里奥·苏亚雷斯(Mário Soares)前往布鲁塞尔与欧共体高官初步接触,表示希望欧共体给予葡萄牙成员国的身份,以取代1972年签订的特殊关系协定。1975年,葡萄牙举行第一次民主选举后不久,欧洲理事会宣布,准备开放与葡萄牙在经济和金融领域的谈判,但同时强调,建立多党民主制政体仍然是获得欧共体支持的唯一条件。1975年11月25日,革命进程结束后,军人统治的力量在逐渐削弱。1976年,制宪会议通过新的民主宪法,新的民选总统以及政府诞生,这都标志着葡萄牙完成了由独裁统治向民主政治的转型。新的葡萄牙民主政治呈现出强烈的参与欧洲一体化

---

[1] José Mária Magone, *The Developing Place of Portugal in the European Union*, New Jersey: Transaction Publishers, March 1, 2004. p.27.

的愿望，执政者将其视为巩固民主制度的唯一有效途径。①

1977年2月28日，时任总理的苏亚雷斯再度正式提交葡萄牙加入欧共体的申请。一个月后，欧共体首次接受了葡萄牙的申请，并启动各项条约中规定的正式程序，包括欧洲委员会的强制性磋商等。1978年5月，欧委会给出了正面评价报告，为随后于同年10月在卢森堡开启与葡萄牙的正式谈判扫清了道路。经过长达7年的一系列复杂谈判，苏亚雷斯领导的葡萄牙政府最终于1985年6月与欧共体签署入盟条约。葡萄牙于1986年1月1日成为欧共体的第11个正式成员国。

第三节 以欧共体/欧盟成员国身份参与欧洲一体化

自1986年加入欧共体/欧盟以来，葡萄牙以欧共体/欧盟成员国的身份参与欧洲一体化已有整整30年历史。在这30年的欧洲化进程中，葡萄牙通过参与欧洲共同体和欧盟机制的制定以及参与具体事务的运行，逐渐提升其在欧洲事务中的决策权与话语权，也实现了自身国际影响力的提升。葡萄牙抓住其三次担任欧盟轮值主席国的机遇努力提升自身作为一个小国对欧洲事务的影响力和渗透力。葡萄牙通过搭建桥梁的方式将欧洲与葡语世界连接起来，一方面帮助拓展欧盟共同外交的范围，另一方面也借助欧盟的国际影响力进而巩固其在葡语国家共同体中的领导地位。具体措施包括促成欧盟与巴西之间建立战略伙伴关系，在担任轮值主席国期间召开欧盟—非洲峰会等。葡萄牙也注重提升其对欧、对美关系之间的兼容性，凭借美国的威慑力增加自身在欧洲共同安全问题中的谈判筹码，也凭借在欧洲的地缘政治优势巩固其在美国主导

---

① José Mária Magone, *The Developing Place of Portugal in the European Union*, New Jersey: Transaction Publishers, March 1, 2004. pp.28-29.

的北约阵营中的地位。此外，在前期与西班牙同步谈判加入欧共体，以及入盟后共同参与水治理、渔业、地区合作等欧洲事务的过程中，葡萄牙与邻国的敌对关系也得到显著改善，长期被强邻屏蔽于欧洲大陆一隅的葡萄牙开始与西班牙联合在欧洲事务中频繁发声。①

葡萄牙主流学界对于这段历史进行阶段性划分的观点比较一致，根据葡萄牙与欧盟关系的亲近程度以及葡萄牙自身发展节奏的变化，基本上都认同以1992年和2000年为两个时间界限，将这三十年的进程大体划分为三个具有明显不同特征的发展阶段。除了本书对这三个阶段的总结概括（入盟之初的适应期、深度融合的活跃期、在徘徊质疑中的前进期）之外，还可以借鉴葡萄牙学者更具有学术性的描述与命名：审慎与实用主义的适应期（1986年至1992年）、积极融入的聚合（convergence）期（1992年至2000年）、重返实用主义的分化（divergence）期（2000年至今）。② 这里的"分化"并非指脱离欧洲化的发展路径，而是指葡萄牙的整体发展趋势与前一阶段的"聚合"之间出现了道路上的分野，葡萄牙民众对待欧洲化的态度也出现了分化，有的继续坚定支持，有的却持顾虑与质疑的保留态度。

一、审慎与实用主义的适应期（1986年至1992年）

葡萄牙加入欧共体的时期正是该组织开始加快推动欧洲一体化进程的时期。1986年，欧共体自身也面临着一系列的制度调整，如：30年来首次修订《罗马条约》，签署《单一欧洲法案》，制定了于1992年底前建成单一市场的目标。葡萄牙当时由于各方面基础相对薄弱，起初以

---

① 林娴岚：《欧盟区域政策对葡萄牙国家科技创新能力的影响》，载《中国科技论坛》，2016年第9期，第148—154页。

② Nuno Severiano Teixeira, "Introduction: Portugal and European Integration, 1974-2010", in Nuno Severiano Teixeira and António Costa Pinto (eds.), *The Europeanization of Portuguese Democracy*, New York: Columbia University Press, 2012, p.28.

审慎的态度看待这些较大幅度的改革。国内的政治精英阶层也对本国是否能够达到《单一欧洲法案》中所制定的各项标准和要求持怀疑态度。再加上葡萄牙的经济一直以来都落后于广大欧共体成员国，尤其是西欧国家，国家经济开放后必然会受到一定的冲击，因而也希望能借助欧共体成员国身份，从这个区域性国际组织为促进共同发展而采取的一些补偿性措施中获得某些益处。在此背景下，当时的葡萄牙政府，1985年上台的由阿尼巴尔·卡瓦科·席尔瓦（Aníbal Cavaco Silva）领导的社会民主党政府，所制定的战略是一方面强化葡萄牙的成员国身份，另一方面以配合参与为主，逐步适应欧洲一体化的进程，并寻求在参与合作中获得经济与社会方面的红利。

这一阶段葡萄牙以欧共体/欧盟成员国身份参与欧洲一体化的进程，必然与欧共体在《单一欧洲法案》中所制定的基本原则密切相关。根据该原则，南欧国家和爱尔兰于1988年接受了第一个德洛尔计划的援助（Delors I Package），作为欧洲市场提升自由化而对这些国家产生经济影响的补偿。这对于葡萄牙而言，是至关重要的发展机遇。葡萄牙也成为这一计划实施的最大受益者之一，不仅推动了国内的结构调整，也提高了公众对欧共体的接受度。从政治层面看，这一时期的欧洲一体化进程也促使葡萄牙政府重新思考如何发展欧洲内部的关系。

二、积极融入的聚合期（1992年至2000年）

1992年，葡萄牙首次担任欧盟轮值主席国。以此为转折点，葡萄牙开始更加积极地融入欧洲，主动参与并试图主导欧洲事务，寻求并探索聚合式发展模式。葡萄牙希望借此发挥一个边缘国家对欧盟决策中心的影响力。这一时期，以《马斯特里赫特条约》的签订和生效为标志，欧盟正式成立，以取代欧共体，欧洲区域一体化组织自身也进入了一个新的发展阶段，这也为葡萄牙寻求发挥积极作用提供了机会与平台。葡萄牙表现出欧盟"好学生"的特征，全心投入到欧洲一体化的进程之中。

这一阶段，葡萄牙将其战略重点从大西洋区域转向了欧洲。里斯本政府制定了让葡萄牙参与引领欧洲一体化进程的目标，并将其视为帮助葡萄牙这个边缘小国保持在欧洲决策中心地位的唯一途径。20世纪90年代，葡萄牙参与了巴尔干维和行动，积极参与执行欧盟共同外交与安全政策。这是自1914年至1918年以来，葡萄牙军队第一次参加欧洲大陆的武装行动。为了在国内引入欧洲统一货币欧元，葡萄牙主动接受了所有的财政考验。在1992年葡萄牙首次担任欧盟轮值主席国期间，在欧洲层面，葡萄牙成功推动了共同农业政策的改革；在国内层面，葡萄牙议会以迅速通过的方式支持了《阿姆斯特丹条约》等各项盟约的签署。2000年第二次担任欧盟轮值主席国时，葡萄牙在国内迅速批准通过了《里斯本战略》，在国际上积极参在尼斯召开的政府间峰会，并在会上扮演了代表中小国家向欧洲大国表达利益诉求的领导角色。

三、重返实用主义的分化期（2000年至今）

2000年尼斯峰会召开的成果之一便是欧洲国家于2001年签订了《尼斯条约》，随之而来的是欧盟东扩。欧盟的东扩在客观上给葡萄牙的发展以及该国与欧盟的关系带来了不小的冲击。随着欧盟援助发展的重心由南欧国家向东欧国家转移，葡萄牙逐渐丧失了在欧洲内部的比较优势，随着各方面成本的提升，其经济上的竞争力再次减弱，随之而来的是国内政治也遭受影响。2001年起，葡萄牙国内政治开始出现动荡，政府被迫下台并举行提前选举。

经济结构原本就相对脆弱的葡萄牙在2008年之后更是雪上加霜，遭受"欧债危机"的冲击后很难在短时间内复苏，因而不得不以恪守紧缩政策为代价，寻求来自欧盟、欧洲央行和国际货币基金组织这"三驾马车"的外部经济援助。这一时期,葡萄牙的经济增长逐渐低于欧盟平均水平,失业率上升、贫富差距增大等社会问题又重新开始凸显,葡萄牙与欧洲"聚合的盟友"(cohension partners)之间日益呈现出"分化"(diverged)式的发展趋势。① 然而,这种"分化"并不等于完全的脱离,尽管在客观困难面前遭受到来自国内不同声音的阻力,但葡萄牙政府仍然保持着参与欧洲事务的积极性。通过实施《新里斯本战略》、《欧盟2020战略》等,葡萄牙继续支持并参与欧洲一体化进程。葡萄牙作为欧盟"好学生"的形象也依然在延续。以近两年发生的欧洲难民危机为例,2015年5月和9月,欧盟制定了接受难民的摊派政策,根据实际情况两次给成员国分配了要求难民的不同数额。葡萄牙除了很好地完成这一任务外,于2016年5月成为"继法国之后,接纳从希腊、意大利等其他欧洲国家输入的难民数量第二多的国家"②。

"分化期"的葡萄牙仍然是采用实用主义的态度来对待欧盟、欧洲事务以及参与欧洲一体化,希望在最大程度减少自身损失的基础上也能最大限度地借助欧盟的力量促进本国的发展。

---

① Nuno Severiano Teixeira, "Introduction: Portugal and European Integration, 1974–2010", in Nuno Severiano Teixeira and António Costa Pinto(eds.), *The Europeanization of Portuguese Democracy*, New York: Columbia University Press, 2012, p.35.

② Notícias, "Portugal no Topo dos Países Europeus no Acolhimento a Refugiados", site de República Portuguesa, 2016 – 05 – 25, http://www.portugal.gov.pt/pt/ministerios/madj/noticias/20160525-madj-refugiados.aspx.(访问时间:2016年5月30日)

第三章　葡萄牙的欧洲化：制度的变迁

葡萄牙的欧洲化不仅是历史演进的过程，也是制度变迁的过程。欧盟的政治制度及其对成员国政治制度所提出的要求影响着葡萄牙政治制度的发展；欧盟的区域政策作为一个政策合集，对成员国的经济发展产生了明显的作用力，葡萄牙针对欧盟的区域政策也专门制定了本国的对接政策；欧盟以及葡萄牙的社会政策涵盖诸多方面的内容，本书将重点选取其中的就业政策作为案例分析；最后，不同历史发展阶段在不同理论模式指导下所形成的欧盟的科技创新政策同样影响着葡萄牙科技创新政策的变化与发展。

第一节　基础性的政治制度

一、欧盟的政治制度

（一）欧盟的决策制度及其对成员国的影响

欧盟作为一个超国家的政治组织，其决策机制呈现出多元互动的特征。欧盟最重要的四大决策机构，欧洲理事会、欧盟部长理事会、欧盟委员会和欧洲议会，都不同程度地参与决策。欧洲理事会由欧盟成员国国家元首或政府首脑以及欧盟委员会主席共同组成,是欧盟主要的政治决策中心。其职能是为欧盟确定指导方针和方向,对政治合作以及对与欧盟共同利益相关的重大事务进行协商并做出决定。从本质上讲欧洲理事会是欧盟的领导机构。欧洲理事会的决议成为一种"政治命令",具体条例或指令的颁布由部长理事会予以落实。部长理事会由各成员国政府部长级代表组成,代表各自政府行事。部长理事会下设秘书处、常设代表委员会、工作小组与专门委员会,处理日常的政策事务。部长理事会是欧盟的主要决策机构,负责协调成员国各领域的政策活动,制定欧盟的政策和法规。该理事会有权协调各成员国的经济政策,当理事会形成决议后,授权欧盟委员会具体执行理事会所制定的规则。欧盟委员会代表超国家利益,实行集体责任制,不接受任何政府或其他组织的指示。欧盟委员会在决策方面主要起发动机的作用。在欧盟条约的规定下,欧盟委员会具有动议权,常被要求提出一项议案来启动立法程序。此外,该委员会也享有有限的立法权。欧洲议会由各成员国人民的代表组成,他们的行为是独立的,不受任何政党或政府指示,不得同时承担多机构的工作。欧洲议会在欧盟的决策过程中最初只享有咨询和监督权,在欧盟发展过程中其作用不断增强。经过《单一欧洲法令》、《马斯特里赫特条约》以及《阿姆斯特丹条约》的几度授权,欧洲议会最终成为真正的欧盟立法机构。①

欧盟政治决策所涉及的政策领域非常广泛,大致可以划分为五大类:规制政策、支出政策、经济与货币联盟政策、公民自由与安全政策以及对外政策。② 总体而言,欧盟在各政策领域对成员国的影响包括三

---

① 朱仁显、唐哲文:《欧盟决策机制与欧洲一体化》,载《厦门大学学报》(哲学社会科学版),2002年第6期,第81—88页。

② 吴志成、王霞:《欧洲化及其对成员国政治的影响》,载《欧洲研究》,2007年第4期,第38—52页,原引自:Simon Hix, *The Political System of European Union*, Houndmills, Basingstoke, Hampshire, New York, Palgrave Macmillan, 2005, pp.235-404.

个方面：强化现有趋势或引发国内政策改革；限制成员国政策选择和提供新的政策规则与标准；导致成员国国内资源与权力的重新分配。① 在欧盟各项条约的约束和影响下，欧盟在不同政策领域的决策会推动成员国国内政治机构做出的调整，对成员国的国内政治不断产生深层影响，尤其是对成员国行政机构的影响最大，政府各部门之间以及部门内主要人员之间的关系都在不断调整变化。有时会强化或限制一些机构，同时又催生出新的机构，成员国国内政治机构之间的权力平衡关系在欧盟决策的影响也不断发生变化。首先，随着欧盟政治决策领域的不断扩大，成员国国内事务与欧洲事务之间的界限越来越模糊，越来越多的国内政府部门参与到欧盟的政策制定与执行过程中。以成员国的外交部门为例，很大程度上，在欧盟范围内，成员国的外交部已经演变成为政策的协调者，而不仅仅是传统意义上国家主权的捍卫者。其次，随着欧盟政治决策领域的不断拓展与深入，促使越来越多的成员国国内政策部门参与到欧洲层面的决策过程中，并且决策的专业性越来越强，分工越来越细化，决策程序也相对更加繁杂，这也使得参与者难以从整体上顾全所在成员国的国家利益。最后，欧盟的政治决策也不断影响着成员国政府部门上下级别官员之间的关系，以及成员国中央政府与地方政府之间的关系。由于欧盟层面涉及的大部分细节性和技术性事务由各成员国政府部门具体的行政官员来完成，因而官员的权力相对增强，而部门领导的权力反而相对下降。欧洲一体化促进了成员国地方政府谋求更大的独立自主性，尤其是在欧盟区域政策的影响下，地方政府获得了更多的资源和更广泛的利益表达空间，地方政府也与本国中央政府之外行为主体之间建立了更加广泛的联系，因而相对于成员国中央政府而言，地方政府的权力得到明显提升。

---

① 吴志成、王霞：《欧洲化及其对成员国政治的影响》，载《欧洲研究》，2007年第4期，第38—52页。

(二) 欧盟对民主化的政策态度及其对成员国的影响

欧共体成立初期，六个创始成员国在经济发展方面所取得的成绩吸引了更多欧洲国家申请加入。然而，欧共体在接纳成员国的过程中也设定了严格的考核标准，民主政治则是其中之一。欧共体的第一次扩大是在 1973 年接纳了丹麦、爱尔兰和英格兰这三个相对成熟的民主国家。20 世纪 70 年代中期开始，在以葡萄牙"4·25 革命"为标志的第三波民主化浪潮的推动下，南欧国家也先后开启了民主化进程。随之，欧共体也启动了与希腊、葡萄牙、西班牙的谈判，并先后于 1981 年和 1986 年接受了三国的加入。

1993 年《马斯特里赫特条约》生效后，欧洲联盟成立，欧洲一体化的政治意义更加凸显出来。如果说在欧共体时期，民主制度只是新成员国加入的不成文规定（或称"潜规则"），那么欧盟时期则是明确在正式条约中列出了民主的原则与要求。《马斯特里赫特条约》确定了发展和巩固"民主和法治，尊重人权和基本自由"是欧盟共同外交和安全政策的目标，同时，条约指出欧盟在发展合作领域的政策也要致力于发展和巩固民主，联盟建立在自由、民主、尊重人权和基本自由以及法治原则的基础之上，对待所有成员国的要求一视同仁。[1] 20 世纪 90 年代，欧盟开始考虑接纳波兰等中东欧八国入盟。1993 年召开的哥本哈根首脑会议为这些想要加入欧盟的中东欧国家设定了三条标准，即所谓的"哥本哈根标准"。其中第一条就是政治条件："要维持稳定的民主机构、法治和人权，欧盟委托委员会每年对这些国家的民主状况进行考核评估，以确定它是否在朝着这个方向努力"。[2] 欧盟设定政治条件的

---

[1] 赵晨：《欧盟如何向外扩展民主：历史、特点和个案分析》，载《世界经济与政治》，2007 年第 5 期，第 14—21 页。

[2] 赵晨：《欧盟如何向外扩展民主：历史、特点和个案分析》，载《世界经济与政治》，2007 年第 5 期，第 14—21 页。

目的是推动欲意入盟的欧洲国家进行政治改革，逐渐巩固其民主制度，以确保这些国家在加入欧盟后能够更好地适应欧盟的规则。

尽管欧盟对成员国的民主制度提出了明确要求，但作为一个政府间的合作组织，一个超国家机构，以代议制民主为基础的欧盟，其自身却不可避免地存在着"民主赤字"的问题。由于欧盟具有不同于一般国际组织的特殊性，其民主合法性问题一直备受关注。1979年，英国议员大卫·马昆德（David Marquand）首次提出"民主赤字"的概念。这一"赤字"主要指欧盟机构尤其是议会的民主赤字，欧洲政党和大众的参与不足，远离决策。随着对该问题不断深入地探讨，欧洲学者们又开始意识到欧盟存在着"双重民主赤字"的问题，即"民主赤字"不仅存在于欧洲议会，同样也存在于成员国的代议制机构中。对于成员国而言，由于欧盟层面所做出的决定、制定的规则、签订的条约都会影响到成员国的相关领域，因此，欧盟成员国的议会，作为国家立法机构和代议制机构，其决策也相应地随之转变，在国家层面的欧盟事务决策中发挥更大的作用。但转型中的成员国议会缺乏对国家层面欧洲事务的有效参与，因此也会出现"民主赤字"。[①]

二、葡萄牙的政治制度

（一）葡萄牙的民主政治制度

葡萄牙是单一制共和制国家，其共和制政体形成于1910年。然而早期的葡萄牙共和国发展却历经坎坷。在经历了17世纪的国家重商主义、18世纪的专制帝国主义和19世纪的自由君主制之后，葡萄牙在20世纪上半叶又迎来了一个专制保守的时代。1926年葡萄牙第一共和国发生军事政变，安东尼奥·卡尔莫纳建立起军事独裁政府。1931年，

[①] 薛晶洁、陈志敏：《欧盟"双重民主赤字"问题与成员国议会在欧盟决策中的参与》，载《国际观察》，2011年第4期，第66—72页。

第三章　葡萄牙的欧洲化：制度的变迁

萨拉查建立起法西斯独裁性质的葡萄牙第二共和国。1974年4月25日，由一批中下级军官组成的"武装部队运动"发起政变，名为"4·25革命"或"康乃馨革命"，推翻了持续42年的极右政权，开启了葡萄牙的民主化进程。直到1986年，以马里奥·苏亚雷斯成为葡萄牙共和国60多年历史上第一位文人总统为标志，葡萄牙民主共和国（也被称为第三共和国）成立，意味着葡萄牙真正建立起民主共和制的国家政治制度。

民主化进程中的葡萄牙也是致力于法治化的国家，葡萄牙在宪法中明确了国家的性质及其权力渊源：以公民权利为基础的民主、法治和共和国家，一切权力属于人民并且服务于社会、民众。其中国家要致力于实现的基本政治任务是：保障国家的独立并为巩固这种独立创造政治、经济、社会与文化条件；保障基本权利与自由，尊重民主法治国家的原则；保障政治民主并鼓励民主参与国家问题的解决。这些都构成葡萄牙公权力结构及其运行的政治基础。[①]

葡萄牙宪法为该国确定了偏向议会制的半总统制政治制度。共和国总统是最高主权机构，每五年为一个任期，总统参照法国式的两轮多数决胜制由公民投票直选产生。总统在其咨询机构国务委员会的协助下履行职能，具有一定的行政职权，可以否决议会法案和政府法令，在特定情况下，也可以解散议会。总统不向议会负责，总统的大部分职权需要通过总理或政府部长来行使。议会是在葡萄牙排位第二的主权机构，也是立法机构，由在多个选区选举产生的议员组成，每届议会任期四年。葡萄牙议会采取一院制。根据葡萄牙宪法，议员具有全国范围的代表性，而不是代表特定选区，议员通过比例代表制选举产生。葡萄牙宪法还规定了不能设定得票比率门槛限制小党进入共和国议会。议会有广泛

[①] 李军、朱昔群主编：《世界主要政党规章制度文献：葡萄牙、西班牙》，北京：中央编译出版社2015年版，第12页。

的立法权力，并且拥有监督总统和政府的权力，拥有遴选宪法法院、最高法院、监察专员和共和国监察总署检察官等司法机构成员的权力。政府则是葡萄牙的最高行政机构，政府需对总统与议会共同负责，同时又对总统职权的行使形成制约。政府总理由共和国总统参考议会选举结果，在听取议会意见，与拥有议席的各政党协商的基础上予以任命，其他政府人选经总理提议后由总统任命。葡萄牙民主共和国的公共权力系统中还包括由监察专员、检察署、宪法法院、最高法院、审计法院、上诉法院等组成的司法体系，它们经议会遴选、总统任命而组成，同时也对立法和行政系统形成有效的监督。除此之外，葡萄牙宪法还规定了公民创制和复议的权利，对公共权力既形成补充又形成牵制。

在政党政治方面，葡萄牙宪法"将政党界定为选举民主的工具和手段，是组织形成人民意见影响国家政治生活、驱动政治民主的中枢"①。由于葡萄牙宪法规定了议会选举中的比例代表制以及不设定得票比率门槛限制等制度，葡萄牙议会呈现多党并存的局面。比例代表制被认为是最公平的选制，能够使民意得到最充分的表达，但一般容易造成多党林立的后果。然而，在葡萄牙这种情况却并没有出现。理论上葡萄牙应该属于多党制政体的国家，但在实际的权力运作过程中，由于最大的两个政党——葡萄牙社会党、葡萄牙社会民主党在大部分时期内控制着绝大部分的选票和议席，因此葡萄牙在国家层面上又是一个比较典型的两党制国家。"葡萄牙一院制议会能在不设比例门槛的条件下形成两大政党主导的格局，这不能不说是葡萄牙独特的政治生态使然"。② 三十多年来，葡萄牙政府基本上都是在社会党或社会民主党主导下的多数派政

---

① 李军、朱昔群主编：《世界主要政党规章制度文献：葡萄牙、西班牙》，北京：中央编译出版社2015年版，第13页。

② 李军、朱昔群主编：《世界主要政党规章制度文献：葡萄牙、西班牙》，北京：中央编译出版社2015年版，第14页。

府。葡萄牙社会党是奉行社会民主主义的政党,其前身是流亡西德的部分反独裁人士于1973年成立的葡萄牙社会主义行动。1974年康乃馨革命结束葡萄牙开始恢复民主制度后,社会党秘书长马里奥·苏亚雷斯从法国返回葡萄牙并担任外交部长。他带领的社会党赢得了1975年革命后的首次选举以及1976年葡萄牙民主宪法通过后的首次选举。社会民主党原名为民主人民党,成立于1974年康乃馨革命后两周。1979年,该党与其他中间偏右的政党组成民主联盟,赢得选举,开始取代社会党成为执政党。在葡萄牙民主共和国议会中拥有席位的政党还包括:社会民主中心党——人民党(葡文缩写:CDS-PP, Centro Democrático e Social-Partido Popular)、民主团结联盟(葡文缩写:CDU, Coligação Democrática Unitária)和左翼集团(葡文缩写:B.E., Bloco de Esquerda)。社会民主中心党——人民党(简称人民党)是一个奉行保守主义和基督教民主主义的政党,成立于1979年7月19日,历史上曾先后同社会党、社会民主党结成政治联盟,目前是葡萄牙议会第三大党。民主团结联盟是葡萄牙共产党(葡文缩写:PCP, Partido Comunista Português)和葡萄牙绿党(葡文缩写:PE, Partido Ecologista "Os Verdes")自1987年以来一直保持稳定的政党联盟,共产党在联盟中起主体性作用,但两党都各自保持了组织的独立性,并在议会中分别组建了自己的党团。左翼联盟成立于1999年,由部分来自人民民主联盟、社会主义革命党和21世纪政治党的党员和独立政治人士组建而成,是欧洲反资本主义左翼组织的创始会员党和欧洲左翼党联盟的会员党,其当选议员一般为女性,在葡萄牙国内积极推进反暴力、反种族主义的立法和政治活动,反排外、反歧视,支持同性恋婚姻,在社会上的影响力稳步提升。此外,在葡萄牙公众中有一定影响力但在议会选举中没有席位的政党还有葡萄牙工人共产党(PCTP/MRPP)、动物和生态党(PAN)、土地党(MPT)、希望运动(MEP)、国家革新党(PNR)和工党（PTP）等数十个小党。①

（二）葡萄牙的欧洲化与民主化

在葡萄牙欧洲化的历史进程中，欧洲化一直与该国的政治民主化相互交织、相互促进。这种交织与互动首先体现为，葡萄牙的政治民主化为该国的欧洲化提供了前提条件。尤其是在葡萄牙申请加入欧共体/欧盟的过程中，民主化所取得的进步对于葡萄牙的成功入盟起到了明显的推动与促进作用。正如前文所述，早在1962年，葡萄牙就曾首次提出加入欧共体的申请，但遭到拒绝。最重要的原因就是葡萄牙当时还不是欧共体所要求的、具备多元民主政治制度的国家。直到葡萄牙真正在国内确立了多党民主的政治制度后，才最终得以成为欧共体/欧盟成员国。

其次，葡萄牙欧洲化与民主化的互动还表现为，欧洲化巩固了葡萄牙政治民主化的成果。葡萄牙努力适应欧共体/欧盟的制度要求，为了加强本国法律与欧共体/欧盟法律条约与规章制度之间的兼容性，屡次修订本国宪法。1976年至2005年间，葡萄牙共计七次修宪，1986年加入欧共体/欧盟后，葡萄牙的修宪频率尤其高。有葡萄牙学者对该国修宪历程进行了梳理，可以大致总结概括如下：1982年宪法通过宪法法院（Tribunal Constitucional）取代革命委员会，并规范了总统选举的程序。革命委员会被一分为二，形成宪法法院与国家咨询委员会，总统任期则被限定为连任不得超过两届。② 由此，葡萄牙一方面清除了有军事背景的集权统治力量，另一方面也限制了民选总统的权力，进而实现了葡萄牙政治体系的公民化。1989年宪法平衡了公共与私营部门的关系，

---

① 李军、朱昔群主编：《世界主要政党规章制度文献：葡萄牙、西班牙》，北京：中央编译出版社2015年版，第7—9页。

② 林娴岚：《葡萄牙的欧洲化与国家政治发展》，载《现代国际关系》，2016年第8期，第27—32页。原引自：José Mária Magone, *Politics in Contemporary Portugal: Democracy Evolving*, Boulder: Lynne Rienner Publishers, 2014, p.44.

为国有企业私有化开辟了道路；同时也开始在葡萄牙创建公民投票制度，结束了该国从未有过公投的历史。1992年宪法授权议会表决欧盟相关议题，实现了葡萄牙政治制度与欧盟政治制度的首次融合。1997年宪法加强了葡萄牙的民主责任制，在政党财政透明度与问责制方面也取得了部分进展。[①] 2001年、2004年以及2005年的宪法帮助葡萄牙更好地适应欧盟成员国的身份，内容包括：适应欧洲的国际正义，在本国宪法中集成欧盟宪法和法律的内涵，加强国家法律与欧盟条约及规则之间的兼容性，允许开展针对欧盟条约的公投，旨在促进欧盟的深化发展等。[②] 通过参照欧盟标准的多次修宪，葡萄牙的宪政秩序得以加强，进一步巩固了该国的民主化，进一步完善了其民主政治制度。

第二节 经济发展相关制度

一、欧盟的区域政策

欧盟是当今世界范围内区域一体化程度最高的地区性国际组织。但由于历史的、地理的等多方面原因，欧盟也是区域内部经济社会发展差异较大，呈现出显著不平衡特征的政治实体。随着欧洲一体化的不断深化，欧共体/欧盟越来越重视缩小不同区域之间、不同成员国之间以及

[①] 林娴岚：《葡萄牙的欧洲化与国家政治发展》，载《现代国际关系》，2016年第8期，第27—32页。原引自：José Mária Magone, *The Developing Place of Portugal in the European Union*, Transaction Publishers, March 1, 2004. pp.36-37.

[②] 林娴岚：《葡萄牙的欧洲化与国家政治发展》，载《现代国际关系》，2016年第8期，第27—32页。原引自：São José Almeida e Sérgio B. Gomes, "As Revisões da Constituição da República Portuguesa", 40 Anos da Constituição, *Público*, http://www.publico.pt/40-anos-da-constituicao/as-revisoes. (访问时间：2016年6月8日)

成员国内部各区域之间发展的差距，以更好地促进整个共同体的协调均衡发展。而欧盟区域政策则是实现这一目标的重要制度安排与政策工具。欧盟区域政策不仅对欧盟本身，更对其成员国的发展战略与政策选择产生了深远影响。

(一) 欧盟区域政策的概念界定

欧盟区域政策，最开始是指在欧共体/欧盟内部贯彻执行的区域经济政策。1957年的《罗马条约》指出，为了促进全面协调的发展，共同体应该设定一个目标，即缩小不同地区之间发展水平的差距，并提升最贫困地区的发展水平，各成员国应当在国内制定并协调相应的经济政策，以促进实现上述目标。随后，《单一欧洲法令》引入经济与社会聚合的理念，共同体与成员国之间这种相互协调以促进共同发展的理念又拓展到社会领域，其目标由推动经济的协调发展扩展到促进社会的融合。随着欧洲一体化的进一步发展，在教育文化、健康医疗、科技与创新、可持续发展等各个领域都形成了类似的政策，这些政策的目标都是促进欧盟不同区域之间、不同成员国之间以及成员国内部的不同地区之间均衡、协调、共同发展。

欧盟区域政策是欧盟最主要的投入政策，旨在促进欧盟范围内所有地区的就业、商业竞争、经济增长、可持续发展与公民生活水平的提升。在最初阶段，欧盟区域政策的核心政策工具主要指结构基金 (Structure Fund, SF) 与聚合基金 (Cohesion Fund, 简称CF, 也被称为"团结基金")。

欧共体成立初期，各成员国基本是在自行发展，相对独立，在共同体层面并没有形成统一的政策，也没有协调发展的机制。1975年，欧洲理事会通过了建立欧洲区域发展基金 (European Regional Development Fund, 简称ERDF) 的决议。以此为标志，欧共体开始全面推行缩小发展差距、促进地区共同发展的区域政策。1981年希腊加入欧共体，1986年，葡萄牙、西班牙相继加入欧共体。这三个南欧国家的加入使得欧共体成员国之间的发展差距明显增大。为了应对这一问题，欧共体根据《单一欧洲法令》的规定，于1988年开始对区域政策进行改革，将欧洲区域发展基金（ERDF）与早先就有设立的欧洲社会基金（European Social Fund，简称ESF）以及欧洲农业指导与保证基金（European Agricultural Guidance and Guarantee Fund，简称EAGGF）中的指导部分进行合并，共同组成欧洲结构基金。1992年《马斯特里赫特条约》获得通过，标志着欧盟正式成立。根据该条约，欧盟最迟于1999年建立欧洲经济货币联盟，推行欧洲统一货币"欧元"。欧洲统一经济与货币政策的全面推行对成员国的协调发展提出了更高的要求。为此，欧盟对结构基金进行进一步调整，于1993年成立渔业指导金融工具（Financial Instrument for Fisheries Guidance，简称FIFG，后更名为欧洲渔业基金），并将其纳入结构基金。

为了便于统计和管理，欧盟制定了一套通用的区域体系，那就是由欧洲统计局创立的领土统计单元目录（Nomenclature of Territorial Units for Statistics，简称NUTS）。结构基金的运行正是建立在该目录基础之上。这一制度的创新让欧盟得以打破国别的界限，不局限于各成员国的行政区域划分和管辖边界，而是根据地理指标和社会经济指标将所覆盖的全部领土划分为不同级别的大小区域单元，并统一制定规划目标。欧盟将结构基金范畴内不同类别的子基金乃至其他的一些区域政策手段都放在这个统计单元目录所划分的各个区域单元内分类实施，有针对性地促进不同区域间的协调与共同发展。

1994年，为了帮助相对贫困和落后的成员国达到《马斯特里赫特条约》所设定的经济趋同标准，欧盟设立了聚合基金。聚合基金通过以财政补助的方式，通过促进增长、就业和可持续发展来稳定相对落后成员国的经济，并推动其发展。2000年起，随着欧盟的东扩，相对落后国家的数量大幅增加，欧盟希望实现相互融合的协调式发展所面临的难度进一步增大。欧盟委员会提出要加大实施欧盟区域政策的力度。

自创立至今，聚合基金所支持的重点对象国从希腊、西班牙、爱尔兰、葡萄牙这四个国家扩展到新近加入欧盟的中东欧国家，重点领域从聚焦经济增长、促进就业，发展到应对世界金融危机所引发的欧洲债务危机，再发展到《欧盟2020战略》长期发展目标中所涉及的各个领域。聚合基金逐渐演变为一个综合性、全覆盖的政策工具。

随后，在不断发展变化的过程中，欧盟区域政策的主要政策工具演变为以"欧洲结构与投入基金（European Structural and Investment Funds，ESIF）"命名的基金合集，具体包括五个组成部分，分别是：欧洲区域发展基金、聚合基金、欧洲社会基金、促进农村地区发展的欧洲农业基金（European Agricultural Fund for Rural Development，EAFRD）与欧洲海洋及渔业基金（European Maritime and Fisheries Fund，EMFF）。

（二）欧盟面向葡萄牙的区域政策

欧盟区域政策主要是通过专项基金和优惠贷款等方式，重点支持欠发达地区的发展。欧盟根据不同阶段的发展特征对区域政策及时进行调整与改革，适时制定具体的干预目标。以结构基金为例，"欧盟确定了人均国内生产总值低于共同体平均水平75%的国家或地区是最需要援助的国家或地区，同时根据人均国内生产总值、产业结构、失业状况及地理条件等因素，制定结构基金援助的优先目标"。[①] 由于加入欧共体/欧盟相对较早，自身发展水平又相对落后，葡萄牙是受欧盟区域政策影响时间最为长久的国家之一。

根据《单一欧洲法令》、《马斯特里赫特条约》、《里斯本战略》、

[①] 王雅梅：《欧洲一体化进程中的欧盟区域政策》，成都：四川大学出版社2013年版，第73页。

《新里斯本战略》以及《欧盟 2020 战略》这五部指导文本，从 1989 年至今，欧盟区域政策已经历了五个发展规划期，每个阶段的战略目标各不相同，可以总结梳理如下（表1）：

表1　不同规划期内欧洲区域政策的指导文本及战略目标

时间	第一规划期 1989—1993 年	第二规划期 1994—1999 年	第三规划期 2000—2006 年	第四规划期 2007—2013 年	第五规划期 2014—2020 年
指导文本	《单一欧洲法令》	《马斯特里赫特条约》	《里斯本战略》	《新里斯本战略》	《欧盟 2020 战略》
欧盟战略目标	内部市场 经济与社会聚合	经济与货币联盟 欧盟的三个支柱	增长、就业与社会融合 可持续发展	投资与就业条件 知识与创新 更多更好的就业	智能经济 可持续发展 就业与社会凝聚

葡萄牙在加入欧共体之初，其国内经济发展水平较低，基础设施相对薄弱，根据缩小差距的政策目标，前三个规划期内欧盟区域政策针对葡萄牙的援助主要集中于对固定资产的投入，包括国家基础设施建设以及企业生产设备等，这些都是葡萄牙在加入欧盟初期经济追赶的过程中所欠缺的基础条件。从第四规划期起，欧盟将面向葡萄牙的区域发展援助基金更多地投入到人力资源质量与创新活动中。第五规划期则是在第四规划期的基础之上进一步加大了对葡萄牙知识与创新以及新能源领域的投入，以实现促进智能经济、可持续发展以及提高就业与社会凝聚力的欧盟总体发展目标。[①]

[①] 林娴岚：《欧盟区域政策对葡萄牙国家科技创新能力的影响》，载《中国科技论坛》，2016 年第 9 期，第 148—154 页。

在上述指导文本与战略目标的框架下，每个规划期的欧盟区域政策又设有各不相同的具体政策目标。例如，第一规划期（1989年至1993年）的目标包括：目标一，促进共同体落后地区的发展和结构调整；目标二，帮助工业严重衰退地区完成经济转型；目标三，解决长期失业问题，尤其是青年人的失业问题；目标四，培训适应产业结构调整和新技术的劳动力；目标五，加快农业结构和渔业结构的调整，促进农村地区发展，提高经济活动的多样性。第二规划期（1994年至1999年）在此基础上增加了目标六，加快人口密度极地的发展。第三规划期（2000年至2006年）将七类目标整合为三类：目标一，促进落后地区的发展及结构调整；目标二，资助面临结构困难的地区进行经济和社会转型；目标三，支持教育、培训和就业政策及体系的现代化。① 根据欧盟委员会基于上述目标所开展的评估，在这三个规划期内，葡萄牙整个国家都属于落后地区，均符合第一项目标实施对象的标准。因此，1989年至2006年间，葡萄牙100%的人口都享受欧盟区域政策中不同类别基金的援助与支持。

从第四规划期（2007年至2013年）起，欧盟区域政策的具体政策目标被进一步整合，形成三个聚合式的目标：目标一为趋同目标（"Convergence" objective），即促进最不发达成员国和地区的增长潜力并促进就业；目标二为区域竞争力和就业目标（"Regional competitiveness and employment" objective），旨在增强区域竞争力与吸引力，增加就业；目标三为欧洲地域合作目标（"European territorial cooperation" objective），即通过推动跨境合作来促进欧洲区域一体化，实现均衡与可持续发展。这一时期内，欧盟分配给目标一的资金为2828亿欧元，占欧盟聚合政策总金额的81.5%，其中有696亿欧元用于聚合基金，

---

① 李明：《欧盟区域政策及其对中国中部崛起的启示》，武汉：武汉大学出版社2010年版，第89—114页。

专门针对包括葡萄牙在内的 12 个成员国。①

二、葡萄牙的对接政策

欧盟在推行区域政策的过程中需要与每个成员国分别进行充分的沟通与谈判，共同确定干预性援助基金的分配方式。在这些沟通与协调中，成员国需要提出与欧盟区域政策所设定目标相一致的本国的区域发展战略，也就是本书所说的对接政策，以便于更好地规划和指导所辖领土范围内的区域、地方以及公共及私有的各个行为主体的发展。沟通协商的结果会通过成员国与欧盟之间签署的框架协议确定下来。

自 1989 年欧盟区域政策正式开始实施以来，在每一个规划期内，葡萄牙都经过协商谈判，与欧盟签署了框架协议，并确定了本国对接政策的目标。在前三个规划期所签署的框架协议均被称为"支持共同框架"（Quadro Comunitário de Apoio，葡文缩写：QCA），亦即：QCA Ⅰ、QCA Ⅱ 与 QCA Ⅲ。第四规划期所签署的协议名为"国家战略参考框架"（Quadro de Referência Estratégico Nacional，葡文缩写：QREN）。在此基础上拓展到第五规划期新的"国家战略参考框架"[QREN（2014—2020）]，也被称作"葡萄牙 2020"（Portugal，2020）。

葡萄牙的弗兰西斯科·曼努埃尔·桑托斯基金会（Fundação Francisco Manuel dos Santos）于 2013 年出版了《欧洲的葡萄牙 25 载》一书，总结梳理了前四个规划期内葡萄牙与欧盟签署的框架协议以及葡萄牙制定的本国对接政策目标②。葡萄牙国家培训和职业教育协会（Associação Nacional da Formação e Ensino Professional）对第五规划期

---

① 王雅梅：《欧洲一体化进程中的欧盟区域政策》，成都：四川大学出版社 2013 年版，第 81—84 页。

② Augusto Mateus（Coord.），25 *Anos de Portugal Europeu*：*A Economia，a Sociedade e os Fundos Estruturais*，Lisboa：Fundação Francisco Manuel dos Santos e Sociedade de Consultores Augusto Mateus & Associados（AM&A），Maio de 2013，pp.459-479.

的"葡萄牙 2020"框架协议进行了全面介绍①。根据上述资料,可以将葡萄牙针对欧盟区域政策的对接政策总结归纳如下(表2):

表2 不同规划期内葡萄牙与欧盟签订的框架协议及其对接政策目标

时间	第一规划期 1989—1993年	第二规划期 1994—1999年	第三规划期 2000—2006年	第四规划期 2007—2013年	第五规划期 2014—2020年
框架协议	QCA I	QCA II	QCA III	QREN	新QREN—葡萄牙2020
葡萄牙对接政策目标	为经济均衡发展创造基础设施条件	提高人力资源与就业质量	为创造和巩固知识型社会,提高人的潜能,改变教育和培训落后的现状	加强对人的潜能培养,包括教育质量、就业、性别平等等各方面的提升	促进增长和就业,旨在减少贫困,纠正外部失衡问题
	发展人力资源	巩固具有竞争优势的经济要素	支持生产活动以调整经济结构,实现科技技术体系现代化,进一步改善经济基础设施,保护环境	通过创新、技术发展与激励创业来提高竞争力	促进生产流通,增加商品和服务的出口
	提升农业与农村地区竞争力	提高生活质量与社会凝聚力	加强领土规划,提升葡萄牙作为欧洲面向大西洋第一平台的地缘战略地位	促进国内不同区域间的聚合式发展,提高社会凝聚力	降低辍学率,提高贫困人口的竞争力与可持续发展能力
	改造产业结构	加强区域经济基础			促进国内不同区域间协调发展,缩小贫富差距
	提升区域及地方增长潜力				

---

① Associação Nacional da Formação e Ensino Professional, " Portugal 2020: Guia para os Fundos Estruturais", https://www.forma-te.com/geral/portugal-2020-guia-para-os-fundos-estruturais.(访问时间:2016年6月15日)

第三节 社会治理相关制度

一、欧盟的就业战略

20世纪70年代中期以来，欧洲国家的失业率一直居高不下。为了减少高失业率对欧洲经济复苏与增长的不利影响，欧盟于20世纪90年代开始探索制度性的解决方案。为了实现1993年欧盟委员会在《经济增长、竞争和就业》白皮书中设定的目标，在1994年召开的艾森会议上，欧洲理事会通过了欧洲就业战略（European Employment Strategy，简称EES）。EES主要是通过两种方式来激励欧洲的就业市场：一是制定柔性法律（soft law instrument），二是提供金融条件（financial conditionality）。

该战略在《阿姆斯特丹条约》通过后得到进一步发展，欧盟的就业政策随之形成。《阿姆斯特丹条约》是伴随欧洲一体化进程诞生的诸多条约中首次将就业问题纳为其独立组成部分的条约。根据该条约，欧盟采取了包含五个步骤的柔性法律措施[①]以实施就业战略，内容包括：（1）欧盟委员会制定就业指南（Employment Guidelines），经理事会讨论通过后确定为各成员国制定就业政策时的共同准则；（2）各成员国在欧盟共同就业指南的框架下制定中长期的国家行动计划（National Action Plan，简称NAP）；（3）基于欧盟委员会与欧洲理事会共同发布的《联合就业报告》（*Joint Employment Report*），由欧洲理事会负责评估就业环境，并在多数同意的原则下，颁布由欧盟委员会提交的针对单

[①] Sotirios Zartaloudis, *The Impact of European Employment Strategy in Greece and Portugal: Europeanization in a World of Neglect*, New York: Palgrave Macmillan, 2014, p.23.

个国家的特定政策建议；（4）欧盟委会员根据定期监测以及对各成员国自身就业行动计划的执行情况开展评估，以审查各项政策在国家以及欧盟层面所取得的进展；（5）欧盟委员会发布《欧盟年度进展报告》（*EU Annual Progress Report*）。

这种柔性法律措施实际上是采用了开放协调的方法。欧盟通过与成员国之间推行就业领域的战略互动机制，加强在劳动力市场的政策协调能力。具体而言，在欧盟层面，欧盟委员会通过目标管理体系，监督成员国执行国别就业计划；在成员国层面，社会伙伴和市民社会的广泛参与，反过来对欧盟就业指导原则提出建议。开放协调形成了欧盟、成员国、社会伙伴、市民社会等各方参与的多层治理网络，通过相互监督和相互约束，努力将欧盟的就业指导原则转化为国家或地区的政策，促进成员国之间的相互认知。[1]

根据 EES 就业指南，欧盟还制定了四项具体政策内容[2]，分别是：（1）提升就业能力，主要措施包括：提供更多的培训，强化学校与工作之间的联系，激励人们寻找实习、工作与培训的机会等；（2）鼓励企业家精神，为创业者提供以促进就业为导向的税收政策，减轻其财税负担；（3）强化适应能力，通过灵活的工作安排促进工作组织现代化；（4）提供平等机遇，主要措施有：取消性别工资差异，区分并协调工作与私人生活，帮助长期失业人群和弱势群体重返劳动力市场等。

欧盟运用柔性法律激励就业的主要特征是制定就业战略方针与量化目标，辅以针对具体国家的特定政策建议与同行评议措施，旨在影响成

---

[1] 张敏：《欧洲一体化进程中劳动力市场模式的演变机制》，载《欧洲研究》，2006 年第 6 期，第 63—79 页。原引自：Robert Kaiser and Heiko Prange, "A New Concept of Deepening European Integration? ——The European Research Area and the Emerging Role of Policy Coordination in a Multi-level Governance System", *European Integration online Papers*, Vol.6 2002, p.18.

[2] Jeff Kenner, *EU Employment Law: from Rome to Amsterdam and Beyond*, Oxford: Hart Publishing, 2002, pp.467-490.

员国的就业政策。除此之外，EES 还包括另外一个重要的激励手段，即来自欧洲社会基金的资助。在 1999 年对结构基金改革过程中，欧盟用立法的方式明确了结构基金将用于促进达成欧洲就业战略的目标。相应地，欧洲社会基金也成为了 EES 的金融工具。

在上述两种激励方式的共同作用下，欧盟通过推进欧洲就业战略，在实践中不断影响、改变着成员国的国内就业政策。英国学者索蒂里奥斯（Sotirios Zartaloudis）在分析欧盟就业战略对成员国影响时绘制出如下影响过程的示意图（图 3）：

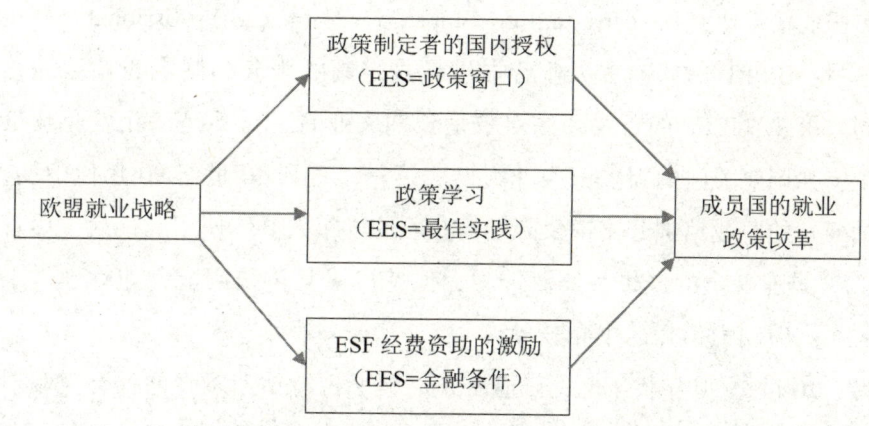

图 3　欧盟就业战略对成员国就业政策的影响①

具体而言，政策学习是指：欧盟成员国的政策制定者在 EES 战略的激励下，通过观察 EES 所倡导的政策实践或改革措施，进而改变自身的政策制定倾向。国内授权是指：在观察学习 EES 所倡导的实践后，为了验证这些政策措施的可行性，各国的政策制定者需要在国内开辟政策窗口进行尝试与推广。金融条件是指：欧洲社会基金所提供的项目资助。尤其对于那些希望得到欧盟经济援助的国家而言，其政

---

① Sotirios Zartaloudis, *The Impact of European Employment Strategy in Greece and Portugal: Europeanization in a World of Neglect*, New York: Palgrave Macmillan, 2014, p.55.

策制定者愿意努力改变其国内的就业现状，以满足接受欧洲社会基金资助的条件。

二、葡萄牙的公共就业服务改革

20世纪90年代中期以来，葡萄牙借助欧洲化的柔性法律授权成功推动了本国的公共就业服务改革。90年代中期以前，葡萄牙的公共就业服务仍是一种被动的就业服务，活化（activation）就业政策几乎不存在。首先，作为葡萄牙就业体系中最重要的执行机构之一的葡萄牙就业与职业培训研究所（Instituto do Emprego e Formação Profissional，葡文缩写：IEFP）并没有为失业者提供量身定制的服务和制定职业培训计划。第二，IEFP的首要关注对象是长期失业者，而不是活化就业政策中所强调要关注的新登记失业人群。第三，直到20世纪90年代中期，葡萄牙的职业培训开支都仅限于给在职的成年人群体使用。最后，尽管IEFP具有一定的报告和监测能力，但忽视了其传统职能，如管理供求关系与劳动力市场的中介服务。①

20世纪90年代末起，随着安东尼奥·古特雷斯领导的社会党政府在其执政的第一任期（1995年至1999年）上台伊始在葡萄牙推行活化就业政策，IEFP的政策目标与工作方式均发生了重大变革。具体措施有：尝试改善雇主服务，探索让IEFP为求职者提供更多促进就业的咨询服务；从1995年推出个人援助计划并于1997年开始实施，该计划包括针对失业时长超过六个月并在努力降低自身对失业福利依赖的目标群体而制定的书面行动计划；调整IEFP的职业俱乐部，过去该俱乐部主要是简单地为客户分配欧洲社会基金的资助方案，调整后该俱乐部的任务是帮助失业人员或面临失业风险的人员重返就业岗位；此外，取消

---

① Sotirios Zartaloudis, *The Impact of European Employment Strategy in Greece and Portugal: Europeanization in a World of Neglect*, New York: Palgrave Macmillan, 2014, p.77.

IEFP 管理欧洲社会基金的职能，将其划归劳工部下属的另一个独立机构管理。①

葡萄牙于 1996 年成立了一个新机构：积极生活嵌入联盟（Unidade de Inserção na Vida Activa，葡文缩写：UNIVA），其目标是为年轻人在求职、入职以及寻求职业培训过程中提供信息、职业指导等支持与帮助。UNIVA 是经 IEFP 认证后成立的，并受其资助，帮助践行 IEFP 的新战略——主要针对青年事业群体提供劳动力市场服务。不同类型的组织实体均可以创办 UNIVA 机构，如学校、职业培训中心、青年中心、私立慈善机构、地方政府以及社会合作伙伴与其他协会等。该联盟自成立后得以迅速扩张，截至 1997 年底已有 400 多家机构加盟。如何帮助刚从学校毕业的年轻人向职场过度是葡萄牙长期面临的问题，该联盟的成立在很大程度上促进了葡萄牙解决这一问题。②

葡萄牙 IEFP 改革中另一个成功的例子是于 1998 年启动的 INSERJOVEM 和 REAGE 计划，分别针对 16 至 24 岁以及 25 岁以上的人群，两者均是采取积极的预防性措施来减少失业的发生。这两项计划旨在为其服务对象提供个性化的专业指导，并要求 IEFP 提供特定的机会，如职业教育、培训、安排就业或实习等，以帮助它们的服务对象实现目标，防止这些人群发展成为长期失业者。INSERJOVEM 与 REAGE 计划的实施推动了 IEFP 目标与政策导向的调整。与以往通过简单地管理和分配欧盟社会基金来被动促进本国就业大不相同，调整后的 IEFP 主要通过个人访谈、问卷调查等多种方式负责开展深度评估，为客户提供更加个性化的服务，其目标是尽可能通过主动的早期干预来避免出现长期

---

① Sotirios Zartaloudis, *The Impact of European Employment Strategy in Greece and Portugal: Europeanization in a World of Neglect*, New York: Palgrave Macmillan, 2014, p.78.

② Sotirios Zartaloudis, *The Impact of European Employment Strategy in Greece and Portugal: Europeanization in a World of Neglect*, New York: Palgrave Macmillan, 2014, p.78.

失业问题。1998 年 INSERJOVEM 与 REAGE 计划刚启动时，其服务对象覆盖到葡萄牙 25% 的人口以及 30% 的注册失业者，到 1999 年迅速增至 45% 的人口与 70% 的注册失业人群。①

欧盟高度评价葡萄牙的公共就业服务改革，认为它是欧洲就业战略实施过程中成功案例的典型。根据欧盟就业战略中所提出的预防性措施，葡萄牙在 1998 年成为已经启动或正在开展公共就业服务改革的欧盟国家之一。到 2001 年，葡萄牙凭借其 IEFP 的运行以及 IN-SERJOVEM 与 REAGE 计划的成功实践经验，入选欧盟就业战略的交互式学习计划，希腊、意大利、卢森堡、荷兰与英国被邀请到里斯本开展实地考察，以判断该国的经验是否可以被推广到欧盟的其他国家。

而葡萄牙公共就业服务改革所取得的成功也与欧盟就业战略的激励作用密切相关，葡萄牙 INSERJOVEM 与 REAGE 计划的成功实施就是受到欧盟就业战略影响的结果。欧盟就业战略倡导葡萄牙的政策制定者在改革过程中运用柔性法律的激励作用，葡萄牙的政策制定者们则是充分利用了欧盟就业战略的政策窗口，成功制衡了国内改革反对派的力量，进而推动了改革取得成功。一位参与过 1998 年改革的葡萄牙政策制定者说："改革之前的政策措施都只是对失业问题的被动回应，而 1998 年起则是开始转向主动预警。改革前，IEFP 通常只是被动地等待失业者去联系他们，而改革后的 IEFP 则有义务在一定时限之前主动联系失业者，并为他们提供提升就业能力特别帮助。这种工作方式的转变正是欧盟就业战略指导方针直接影响的结果。"另一位 IEFP 改革的核心参与者说："通过实践欧盟就业战略所倡导的预防式措施，我们得以成功拓展 IEFP 的边界。欧盟就业战略及其评价体系对于我们达成目标

---

① Sotirios Zartaloudis, *The Impact of European Employment Strategy in Greece and Portugal: Europeanization in a World of Neglect*, New York: Palgrave Macmillan, 2014, pp.79-80.

起到了关键作用,因为,这是我们首次能够借助欧盟的评价体系来支撑我们的改革。"①

第四节 科技创新相关制度

一、欧盟的科技创新政策体系

欧盟科技创新政策由来已久。科技创新是欧洲一体化进程中较早开始合作的政策领域,可以追溯到20世纪50年代初以科研合作促进产业发展为目标而成立的欧洲煤钢共同体、欧洲核子研究中心以及欧洲原子能共同体。1974年,欧共体部长理事会决定制定和实施在科学技术领域的共同政策,并确定了指导性原则。20世纪70年代,欧共体委员会还设立了科技预测与评价机构,以便同成员国的有关大学与科研机构开展合作。20世纪80年代,以欧洲技术研究与开发框架计划的启动与实施为标志,欧共体/欧盟的科技创新政策体系正式成型。有学者将欧盟科技创新政策划分为三个阶段,分别命名为"线性模式"、"系统模式"与"整体模式"。②

"线性模式"开始于20世纪80年代,其理论背景是科技创新理论,又称技术决定论。③当时欧共体科技创新的指导思想是,创新活动主要包括知识生产和知识扩散两个阶段,而知识生产阶段存在"市场失灵"

---

① Sotirios Zartaloudis, *The Impact of European Employment Strategy in Greece and Portugal: Europeanization in a World of Neglect*, New York: Palgrave Macmillan, 2014, p.83.

② 张迎红:《浅析欧盟创新政策的模式演变及未来发展趋势》,载《国际展望》,2012年第6期,第121—134页。

③ 张迎红:《浅析欧盟创新政策的模式演变及未来发展趋势》,载《国际展望》,2012年第6期,第121—134页。

现象。因此，国家应该在知识生产阶段采取措施以弥补"市场失灵"，而知识扩散阶段的活动则交由市场机制来完成。因此，政府的科技创新政策只限于为研发活动提供资助。1984 年起，欧共体开始推行研发框架计划，对欧洲科技创新相关的研发活动提供经费支持。这是欧共体/欧盟投资最多、领域最广、内容最丰富的面向全欧洲范围的科技研发计划，对各个成员国的企业研发部门、高等院校、科研院所等不同参与力量进行整合，有效促进了欧共体/欧盟以及成员国的科技创新发展。

"系统模式"开始于 20 世纪 90 年代，其理论背景是国家创新理论，又称系统创新理论。[①] 欧共体/欧盟经过一段时间的政策实施后，发现虽然科技政策对于知识生产起到了重要的推动作用，可以帮助弥补知识生产阶段的"市场失灵"，但是，知识扩散阶段同样存在着"市场失灵"的问题。"系统模式"政策的作用在于促进知识生产与扩散之间的衔接，推动知识的生产、扩散与转化。欧盟层面将单纯的科技政策转变为一整套政策体系，包含科技政策、产业政策、金融政策等不同方面的内容。其标志性文件是 1995 年颁布的《创新绿皮书》和随后开始实施的《欧洲创新行动计划》，提出在欧盟和成员国两个层面上都应当采取创新措施，使科学技术更有效地服务于产业发展和市场需求。欧盟成员国纷纷开始制定并实施本国的国家创新体系，普遍参考系统创新理念来制定本国的科技创新政策。

"整体模式"开始于 2010 年，其理论背景为区域创新理论，或称集群理论。[②] 欧盟实施"整体模式"的科技创新政策，主要为了解决"系统模式"政策的实施过程中所出现的政策板块之间缺乏有机融合、成员

---

① 张迎红：《浅析欧盟创新政策的模式演变及未来发展趋势》，载《国际展望》，2012 年第 6 期，第 121—134 页。

② 张迎红：《浅析欧盟创新政策的模式演变及未来发展趋势》，载《国际展望》，2012 年第 6 期，第 121—134 页。

国各自为政、创新资源配置低效等问题。旨在从宏观的角度建立功能完善的组织网络，优化规划布局，通过搭建整体的政策框架来促进全面提升欧盟区域内的科技创新效能。也正是基于这一理念，已经有三十年发展历史的欧洲研究框架计划被更名为"地平线 2020"计划。欧洲的科技创新政策演变成更加宏观与混合的政策集合，更加注重横向与纵向的政策协调，以便更好地推动欧洲的多层治理。

从欧洲研发框架计划重点任务与目标的变化历程中，也可以看出上述欧共体/欧盟科技创新政策理念的变化。与从第一框架计划（FP1，1984 年至 1987 年）到第七框架计划（FP7，2007 年至 2013 年），再到"地平线 2020"计划（Horizon 2020，2014 年至 2020 年），欧洲研发框架计划的预算金额持续上升，欧盟对科技创新的支持力度不断增强，优先支持的研究领域也在与时俱进、不断发展变化。FP1 以技术的先进性作为立项标准，主要包括能源、信息与通信技术、工业现代化以及生物工程等领域。第二框架计划（FP2，1987 年至 1991 年）进一步确认了科技政策是共同体政治战略的必要组成部分，将科技政策与社会政策放在同等重要的地位，确定了研究的领域还应涉及提高生活质量方面的内容。第三框架计划（FP3，1990 年至 1994 年）目的是提高欧洲工业的国际竞争力，研究范围扩展到自然资源管理、智力资源管理、生命科学、培训与交流等方面，并明确提出建立欧洲科技共同体的目标。第四框架计划（FP4，1994 年至 1998 年）是为了追赶美国而制定的全面行动计划，包括研发活动的方方面面，并强调要加强与非成员国之间的科技合作。第五框架计划（FP5，1998 年至 2002 年）从战略的高度确定优先发展领域，突出了科研活动在解决重大社会和经济问题上的作用，把基础研究、应用研究、技术转移和推广融合在每一个专项计划中，支持的重点也相应地从纯科研项目转向更有利于提高欧洲国际竞争力和促进就业增长的项目。第六框架计划（FP6，2002 年至 2006 年）建立了一定数量的欧洲技术平台,促进成员国在采取科技政策措施方面保持一致性,也强调进一步改善欧洲科技创新的环境。① FP7 是全面支撑《里斯本战略》的计划,成立了欧洲研究理事会(ERC)、启动了联合技术行动(JTIs)与联合计划行动(JPIs)等。"地平线 2020"计划基本延续了 FP6 与 FP7 的主体内容,但更加强调以应用为导向,从实际面临的挑战出发开展研究,如促进可持续发展和应对人口老龄化等问题。基于"地平线 2020"计划,欧盟的目标是建立一个创新联盟。

二、葡萄牙的科技创新政策体系

到 20 世纪早期,葡萄牙国内唯一与科技和研发活动相关的机构还是成立于 1776 年的科学院。1936 年,葡萄牙"新国家"制定了对外传播葡语及文化以及促进科学研究的文化政策,建立了促进高等文化学会(Instituto para a Alta Cultura,葡文缩写:IAC),1952 年更名为高等文化学会(Instituto de Alta Cultura,葡文缩写:IAC)。该学会于 1976 年被国家科学研究院(Instituto National de Investigação Científica,葡文缩写:INIC)取代。② 尽管如此,法西斯独裁统治时期的葡萄牙所采取的政策措施实际上是与科学的文化相背离的。当时的政策以追求短期利益为特征,对科技的投入十分有限。萨拉查政府所打造的实际上是一个封闭的科研体系。

20 世纪 50 年代,受到欧洲煤钢共同体、欧洲核子研究中心以及欧洲原子能共同体等机构成立的影响,以及受到美国在欧实施马歇尔计划的影响,葡萄牙借助来自外界的力量,客观上提升了国内的知识与研究

---

① 申皓、何成军:《欧盟科技政策浅析》,载《科技进步与对策》,2004 年第 9 期,第 26—28 页。

② Pedro Conceição and Manuel V. Heitor, *Innovation for All? Learning from the Portuguese Path to Technological Change and the Dynamics of Innovation*, Westport: Praeger Publishers, 2005, p.92.

水平。1961年，葡萄牙成立了古本江科学研究所（Gulbenkian Institute of Science），加强了对生物与自动计算方法等领域的研究。然而，葡萄牙当时几乎没有开展对产业领域的研究。受到以结构基金为主体的欧共体/欧盟区域政策的影响以及框架计划为主体的欧共体/欧盟科技创新政策的影响，葡萄牙加入欧共体/欧盟后，其国家科技创新政策也发生了显著变化。

20世纪80年代，在欧盟"线性模式"科技创新政策的影响下，葡萄牙创建了诸多促进本国高校与研究院所同欧共体以及欧洲其他国家院所之间联系的对接机构，以便合作申请欧洲研究与技术开发框架计划中的项目。葡萄牙还于20世纪80年代启动了科技动员计划（Programa Mobilizador de Ciência e Tecnologia，葡文缩写：PMCT）。1987年，葡萄牙政府从公共预算开支中为该计划划拨了1850万欧元的启动资金，用于负担研发所需的人员以及项目经费，并重点支持那些与欧共体框架计划优先发展目标一致的领域，如生物技术、农业科学、生物医疗、海洋科技、材料科技、微电子机器人与信息技术等。① 可以说，在80年代后期，科技动员计划发挥了推动葡萄牙参与欧共体研究与技术开发框架计划的杠杆作用。

20世纪90年代，在欧盟"系统模式"科技创新政策的影响下，葡萄牙也开始全面打造本国的科技创新体系。尤其是1995年安东尼奥·古特雷斯领导的社会党上台执政后，新成立了科学技术部，并随之进行了一系列的机构改革。对原有的国家科学技术研究委员会（Junta Nacional para a Investigação Científica e Tecnológica，葡文缩写：JNICT）进行职能分解，一分为三。其主要职能划归给科技基金会（Fundação para a Ciência e Tecnologia，葡文缩写：FCT），负责为科技与研发活动

---

① Manuel Duarte Laranja, *Uma Nova Política de Inovação em Portugal: A Justificação, O Modelo e Os Instrumentos*, Coimbra: Edições Almedina, 2007, p.136.

的资助与评估,其他职能分别划归给国际科技合作研究院(Instituto de Cooperação Científica e Tecnologica Internacional,葡文缩写:ICCTI),负责开展国际科技合作,以及科技监测局(OCT),负责系统采集各类数据,并与欧洲统计局合作,为葡萄牙的国家科技创新体系的研究分析工作提供支撑服务。此外,这一时期,葡萄牙也开始加强了部门之间的协调与合作,隶属于经济部的创新署(Agência Nacional de Inovação,葡文缩写:AdI)也参与到科技创新活动中,鼓励企业与研究院所之间开展研发合作。① 这些机构的设立与相互之间的合作模式,奠定了现代葡萄牙国家科技创新体系的基础。

进入 21 世纪以来,在欧盟"整体模式"科技创新政策的影响下,葡萄牙也更加重视完善本国的科技创新组织网络。根据第四规划期的欧盟区域政策以及科技创新领域的欧盟第七框架计划,葡萄牙制定了本国的国家战略参考框架(QREN),根据第五规划期的欧盟区域政策以及科技创新领域的"地平线 2020"战略,葡萄牙也制定了"葡萄牙 2020",它实际上是在 2014 年至 2020 年间负责实现葡萄牙政策与欧盟政策之间有效对接的合作协议。葡萄牙科学国务秘书与科技基金会于 2012 年共同实施了基于地区发展的国家科技创新战略,包括对研发与创新系统开展 SWOT 分析,新建了一个跨部门的协调组织,以便更有效地在战略实施过程中调动不同的行为主体。为了与科学共同体开展更加密切的沟通与对话,科技基金会还组织了多层次、多主体、多地域的公开辩论,通过召开研讨会等方式探讨新时期葡萄牙在科技创新领域的国家利益。2007 年,葡萄牙成立了竞争管理机构(葡文缩写:COM-

---

① Luís Amaral, Leonel Duarte dos Santos and C.A. Bernado, Uma visão do Sistema Científico e Tecnológico Português. WORKSHOP DA REDE SCIENTI, 1, Florianópolis, Brasil, 2002—"Actas do I Workshop da Rede Internacional de Fontes de Informação e Conhecimento em Gestão da Ciência, Tecnologia e Inovação". [S.l.: s.n.], 2002.

PETE），作为 QREN 的一个部分，负责管理和组织实施葡萄牙的竞争性科技与研发计划。2014 年由原创新署（AdI）更名而来的国家创新署（Agência Nacional de Inovação，葡文缩写：ANI），主要负责国家研究与开发的成果转化以及促进知识的流动，加强与企业之间的合作。它的战略性业务合作伙伴是 COTEC，即葡萄牙企业家创新协会，负责促进高校与企业共同参与欧盟的各项计划，如："地平线 2020"、企业和中小企业竞争力计划（COSME）、尤里卡计划（EURECA）以及欧洲空间局组织实施的计划等。促进竞争与创新机构（葡文缩写：IAPMEI）则是葡萄牙经济部下属的一个公共服务机构，主要为企业尤其是中小企业提供技术与资金支持。此外，还成立了一系列的技术中心与产业/技术园区以及研究基础设施等。这一时期，葡萄牙将科技创新促进国家整体发展的优先领域聚焦在如下五个方面：（1）横向的技术应用，包括能源、信息与通信技术、资源与材料领域；（2）产业与生产：包括产品生产与加工技术；（3）移动与空间：包括汽车、航空航天、运输和物流等领域；（4）资源与环境：包括农业食品、森林、海洋经济、水和环境领域；（5）健康、福利与领土，包括健康、旅游、文化创意产业以及居住环境等领域。①

---

① Maria de Jesus Espada, *Portuguese National System of Science and Technology*（*SNCT*）1995－2014，July, 2016, Source：Portuguese Ambessy in Beijing, China.（资料来源：葡萄牙驻华大使馆）

第四章　欧洲化对葡萄牙国家能力的影响

前两章分别从历史的演进与制度的变迁两个角度梳理了葡萄牙的欧洲化，尤其是在葡萄牙参与欧洲一体化的过程中，如何适应欧共体/欧盟的制度安排，在政治、经济、社会、科技创新等各个方面制定并调整国内的相关制度与政策。本章将进一步分析这些制度以及具体的政策工具如何影响葡萄牙的国家能力。本章将选取政治、经济、社会、科技创新这四个领域作为切入点，评估葡萄牙的欧洲化对其维护国内政治稳定的能力、促进经济发展的能力、优化社会治理的能力以及科技创新驱动发展的能力分别产生了怎样的影响。

第一节　影响之一：维护国内政治稳定的能力

在欧洲化的影响下，葡萄牙的宏观制度结构发生了变化，这主要体现在国内政治制度、政权结构以及主要政治阶层所关注的核心问题等方面。一个国家的宏观制度结构与其国内政治的稳定性密切相关。在参与欧洲一体化的过程中，葡萄牙通过不断与欧盟之间在政治制度层面开展互动，逐渐确立并完善了本国的多元民主制度。而这一基本的政治制度又对葡萄牙的国内政治秩序产生了诸多深层次的影响。下文将分别从欧洲化与国内政权更迭以及葡萄牙国内不同阶层对待欧洲化的态度三个方面来分析欧洲化对葡萄牙国内政治稳定性的影响。此外,还将结合案例研究,试图分析判断欧洲化是否促进了葡萄牙在维护国内政治稳定这方面国家能力的提升。

一、欧洲化与葡萄牙的国内政治更迭

葡萄牙在欧洲化进程中,随着与其他欧洲国家的交融日益增多,在设立国家权力机构方面越来越多地接受大多数欧洲国家标准的影响,国内政权的更迭呈现出越来越强的规律性,相比加入欧共体/欧盟之前,更迭的周期也有明显延长。正如莱奥·赫维兹(Leon Hurwitz)在总结五种研究政治稳定性的不同路径中所提到的,政府的寿命/存续时间是衡量一个国家政治稳定性的标准之一。对于葡萄牙而言,加入欧共体/欧盟以来,其国内政权的平稳更迭,表明该国的决策机制在朝着越来越规范的方向发展,国内政治的稳定性也在逐步提升。

葡萄牙的政治权力机构在过去四十年保持稳定运行,尤其是 1986 年以后,政府换届与过渡总体上比 1986 年以前更为平稳和规律。不同政治机构之间基本上做到了合理分工协作又相互制衡,且议会中不同党派之间的差异在不断缩小,逐渐发展成为两个主要政党轮流执政的稳定格局。

通过梳理分析 1976 年葡萄牙成立第三共和国至今历届宪政政府执政情况(表 3)可以发现,1976 年至 1986 年 10 年之间葡萄牙总共经历了 10 届政府,而 1986 年加入欧共体/欧盟至今的 30 年间也只经历了 11 届政府。1976 年至 1986 年间,平均每届政府存续时间为 1 年,1986 年至 2016 年间,平均每届政府存续时间为 2.7 年。1976 年至 1986 年间,总计有 9 位总理执政,而 1986 年至 2016 年间,逐渐形成有规律性的连任,总共有 7 位总理执政。根据莱奥·赫维兹的总结,一个较为稳定的政府通常表现为存续时间更长，由此可以判断，1986 年加入欧共体/欧盟后，葡萄牙国内政治的稳定性有所提升。

表 3　1976 年至今葡萄牙历届宪政政府统计表①

届次	执政时间	总理姓名	执政党派	备注
第 1 届	1976—1978	Mário Soares	社会党	
第 2 届	1978	Mário Soares	社会党	与人民党联合执政
第 3 届	1978	Alfredo Nobre da Costa	无	总统提名独立候选人
第 4 届	1978—1979	Carlos Mota Pinto	无	总统提名独立候选人
第 5 届	1979—1980	Maria de Lurdes Pintasilgo	无	总统提名独立候选人
第 6 届	1980—1981	Francisco Sá Carneiro（去世），Diogo Freitas do Amaral（接替）	民主联盟	原总理为社会党人，替任副总理为人民党人
第 7 届	1981	Francisco Pinto Balsemão	民主联盟	总理为社会民主党人
第 8 届	1981—1983	Francisco Pinto Balsemão	民主联盟	总理为社会民主党人
第 9 届	1983—1985	Mário Soares	社会党	与社会民主党联合执政
第 10 届	1985—1987	Aníbal Cavaco Silva	社会民主党	
第 11 届	1987—1991	Aníbal Cavaco Silva	社会民主党	
第 12 届	1991—1995	Aníbal Cavaco Silva	社会民主党	
第 13 届	1995—1999	António Guterres	社会党	
第 14 届	1999—2002	António Guterres	社会党	
第 15 届	2002—2004	José Manuel Durão Barroso	社会民主党	与人民党联合执政
第 16 届	2004—2005	Pedro Santana Lopes	社会民主党	与人民党联合执政

---

① 根据 http://www.portugal.gov.pt/pt/o-governo.aspx、https://pt.wikipedia.org/wiki/Lista_de_chefes_de_governo_de_Portugal 资料整理。（访问时间：2016 年 6 月 10 日）

(续表)

届次	执政时间	总理姓名	执政党派	备注
第17届	2005—2009	José Sócrates	社会党	
第18届	2009—2011	José Sócrates	社会党	
第19届	2011—2015	Pedro Passos Coelho	社会民主党	与人民党联合执政
第20届	2015	Pedro Passos Coelho	社会民主党	与人民党联合执政
第21届	2015至今	António Costa	社会党	与左翼联盟、共产党、绿党联合执政

尽管如此，我们也必须注意到，葡萄牙的选举和政权更迭过程中也存在着许多问题。从政治参与的角度来看，无论是葡萄牙总统选举还是议会选举，其投票率都呈逐年下降趋势，这意味着，民众越来越不关心国家政治，葡萄牙的政权正在逐渐丧失国民基础。根据当代葡萄牙数据门户网站（PORDATA）[①] 提供的数据，葡萄牙总统选举的投票率（图4）除在1976年、1980年、1986年保持在70%以上（分别为75%、84%、78%）外，其他年份均在70%以下，并呈现出逐渐走低的趋势，到刚刚结束的2016年总统选举，投票率只有49%。

与此相似，葡萄牙议会选举的投票率（图5）同样是逐渐走低，于2014年降至葡萄牙第三共和国议会选举40年来的历史最低值，为56%。

从图4、图5两幅投票率走势图可以明显看出，加入欧共体/欧盟之后，葡萄牙的政治参与度并没有提高，反而降低。由此可以判断，葡萄牙的欧洲化进程对其国内政治的稳定性也存在着一些负面影响。这主要是源于"葡萄牙的欧洲化具有明显的精英主导特征，在欧洲化过程

---

① 葡萄牙数据门户网站（PORDATA）所提供的1975年至2015年间关于葡萄牙总统选举和议会选举参与度的相关数据，资料来源：http://www.pordata.pt/Portugal（访问时间：2016年6月12日）

中，政治精英并没有太多考虑平民阶层的利益诉求，这客观导致了两者之间逐渐呈现出割裂状态。而这种割裂状态已逐渐发展成为葡萄牙国内政治稳定的隐患"①。

图4　1976—2016年葡萄牙总统选举的投票率

图5　1975—2016年葡萄牙议会选举的投票率

---

① 林娴岚：《葡萄牙的欧洲化与国家政治发展》，载《现代国际关系》，2016年第8期，第27—32页。

二、葡萄牙国内不同阶层对待欧洲化的态度

作为主导葡萄牙国内政治的主要力量，无论总统与议会之间的力量对比如何此消彼长，也不管议会各党派之间在执政方案与国家预算等问题上如何争锋相对，葡萄牙国内政治自 1986 年起所呈现出的一个较为独特的稳定结构布局是：总统与议会主流党派对待欧洲化的态度基本一致，并且欧洲化逐渐成为葡萄牙国内不同政治阶层所共同关注的核心内容。这种政治重心的高度一致性反过来也促进了葡萄牙国内政治保持较为稳定的结构布局。

1986 年起先后当选的 4 位葡萄牙总统：马里奥·苏亚雷斯（1986 年至 1996 年）、若热·桑帕约（Jorge Sampaio, 1996 年至 2006 年）、阿尼巴尔·卡瓦科·席尔瓦（2006 年至 2016 年）与马塞洛·雷贝洛·德索萨（2016 年至今）均明确支持欧洲一体化与葡萄牙的欧洲化进程。如前文所述，议会通过修订宪法，也促进提升了国内对葡萄牙欧盟成员国身份的认可度。就议会各党派的具体立场而言，若泽·玛果纳在斯蒂芬诺·巴托里尼（Stefano Bartolini）对欧洲一体化促进欧盟国家系统重组研究的基础上，归纳梳理了葡萄牙不同政党对于欧洲化的态度。巴托里尼从经济上的一体化与独立倾向，以及文化上强调控制与开放选择的不同倾向为划分标准，整理归纳了四个不同象限行为主体的特征，玛果纳根据葡萄牙主要政党的特征将其分别放至图中对应位置（图 6）。可见，对葡萄牙国内政治起决定性作用的两个最大的党派——社会党与社会民主党均支持较高程度的欧洲一体化，共产党则处在中间位置，"即便是民族主义倾向最为明显的人民党，当其被要求兼顾国家利益时，以及当两大主流党派希望与其联合获得绝大多数支持时，也会更加温和

地表现出支持欧洲一体化的态度"。① 左翼联盟同样如此。

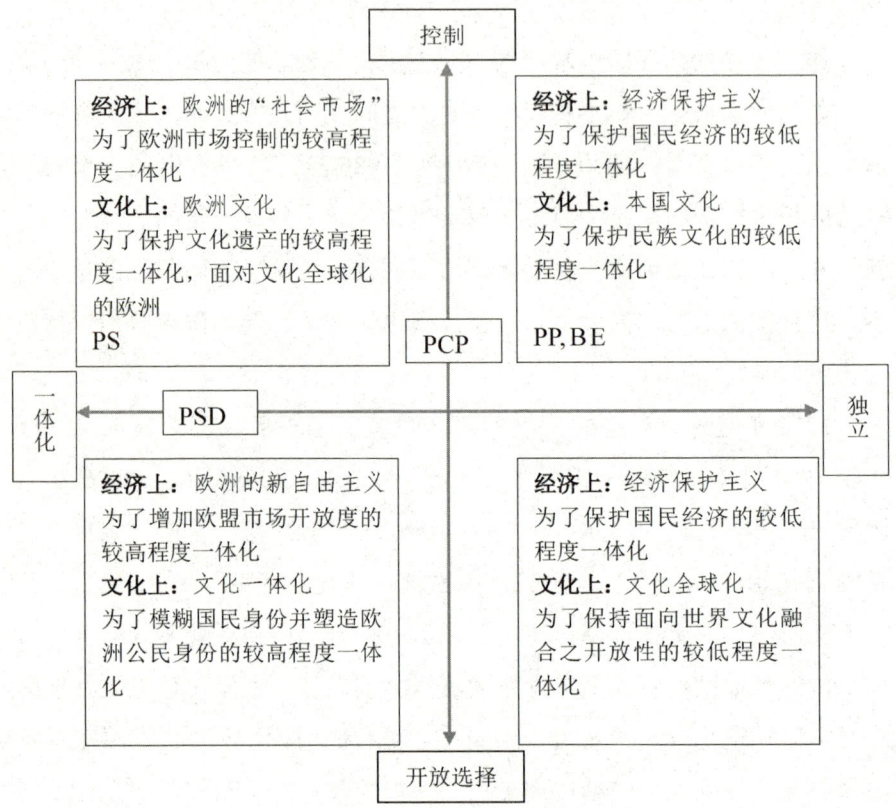

图6 葡萄牙主要政党的欧洲化立场②

与葡萄牙精英阶层对待欧洲化高度统一的态度不同的是,葡萄牙民众的态度一直在发生着波动式的变化。欧洲晴雨表(Eurobarometer)对

---

① José Mária Magone, *The Developing Place of Portugal in the European Union*, New Jersey: Transaction Publishers, March 1, 2004, p.78.

② Stefano Bartolini, "A integração europeia provocará uma reestruturação dos sistemas de clivagens nacionais?", *Sociologia, Problemas e Práticas*, 37, 2001, p.104; José Mária Magone, *The Developing Place of Portugal in the European Union*, New Jersey: Transaction Publishers, March 1, 2004, p.78.

1980 年至 2010 年间葡萄牙民众对待欧洲化的态度进行了问卷调查。[①] 问卷调查中所提的问题为:"您认为葡萄牙加入欧共体/欧盟是……?"回答选项分别为:一件好事、一件坏事、不好不坏、不知道。其统计数据显示(图 7),在葡萄牙加入欧共体/欧盟初期,多数人认为这是"一件好事",但从 20 世纪 90 年代初开始,这一比例逐渐下降,相反,认为是"一件坏事"的人所占比重却在上升。值得注意的是,认为"不好不坏"的人所占比重也呈现出上升趋势,尽管增幅较缓。分析其原因,葡萄牙民众并没有太多与政治精英阶层充分对话的机会,在欧洲化问题上并不能充分了解精英阶层的意图以及充分表达自身的愿望。因此,即便统治阶级的政治重心保持一致,对待欧洲化的态度保持统一,但民众阶层如果持续出现分化,也将不利于维护国家的政治稳定性。

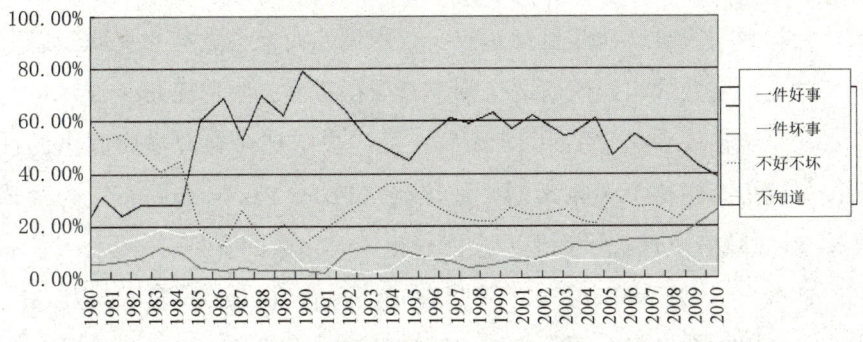

图 7　1980—2010 年间葡萄牙民众如何看待本国加入欧共体/欧盟

[①] 欧洲晴雨表(Eurobarometer)提供的 1980 年至 2010 年间关于葡萄牙国民对本国加入欧共体/欧盟态度的调查数据,资料来源:http://ec.europa.eu/public_opinion (访问时间:2014 年 5 月 22 日)

三、案例分析：葡萄牙新政府上台前后的政治风波

（一）2015 年底葡萄牙议会选举风波

2015 年 10 月 4 日，葡萄牙按期进行议会选举，由葡萄牙社会民主党和人民党组成的执政联盟葡萄牙阵线（葡文缩写：PàF）获得 38.50% 的选票，最大在野党社会党获得 32.38% 的选票。葡萄牙议会总共有 230 个议席，本次选举中，社民党执政联盟获得 107 席，社会党获得 86 席，左翼联盟、由共产党和生态主义绿党（葡文缩写：PEV）组成的民主团结联盟（葡文缩写：CDU）以及人—动物—自然党（葡文缩写：PAN）分获 19 席、17 席和 1 席。[①]

一般而言，只有赢得绝对多数的政党或政党联盟才有可能组建相对稳定的政府，否则，很容易在随后对施政纲领或国家预算案的讨论中遭到否决，并因此而导致政府垮台。眼看中间偏右的执政联盟与中间偏左的社会党之间很难就执政目标达成一致意见，而社会党与左翼联盟以及共产党之间就共同组建政府的谈判不断取得进展，阿尼巴尔·卡瓦科·席尔瓦总统在议会选举结束 18 天后，最终决定任命在选举中胜出的社会民主党主席佩德罗·帕索斯·科埃略（Pedro Passos Coelho）为葡萄牙第 20 届政府总理，尽管他并没能获得绝对多数的支持。

社会党总书记安东尼奥·科斯塔（António Costa）很快予以反击，联合其他极左政党对右翼政府提出不信任案，在议会中以过半数的反对票否决了右翼政府的施政纲领，致使刚刚组阁 11 天的科埃略政府成为葡萄牙历史上最短命的政府。随后，科斯塔得到左翼联盟、共产党与绿党的支持，以共同获得 122 议席的超半数席位申请联合执政，并于 2015 年 11 月 24 日被席瓦尔总统任命为第 21 届政府总理。

[①] https://pt.wikipedia.org/wiki/Elei%C3%A7%C3%B5es_legislativas_portuguesas_de_2015 （访问时间：2015 年 12 月 20 日）

（二）2016年初葡萄牙国家预算案风波

虽然为期一个半月的选举风波最终以左翼政党联合执政而告终，但新任总理科斯塔的挑战才刚刚开始。一方面，中间偏左的社会党与其他三个极左翼政党之间的联姻是在有限基础上的政治合作，双方历来政见不同。另一方面，由于选举风波而导致延迟提交2016年度国家预算案，葡萄牙已经受到了欧盟方面的警告，科斯塔政府必须尽快使预算案获得议会通过，并达到欧盟制定的紧缩政策要求。

上台伊始便面临着解决葡萄牙Banif银行债务危机问题，科斯塔政府顶着来自议会的强大压力予以解救，并为此修改2016年度国家预算案。经社会党与多方谈判，尤其是与左翼政党协商后形成的预算修订案，因社会民主党在2015年12月23日的议会投票中弃权而获得葡萄牙国内的初步通过。下一步将提交欧盟委员会审批。经过为期一周的激烈谈判与讨论，2016年2月5日，葡萄牙在最后一刻进行修改的预算案终于符合欧盟的要求，获欧盟委员会批准。作为与欧盟多轮协商及"讨价还价"的结果，修改后的预算案将2016年结构性赤字率几次压低的基础上再降0.3个百分点，设定为占国内生产总值（葡文缩写：PIB）的2.2%，PIB的目标增幅则由两周前预计的2.1%降至1.8%，就业增长率也由1%降至0.8%。[1] 为达到欧盟设定目标而反复修改后的预算案尽管获得了欧盟的较为勉强的认可，但在葡萄牙国内再度引发争论。经过两天的激烈议会辩论，尽管遭到右翼党派社会民主党与人民党的尖锐抨击与反对，但"葡萄牙民主史上首次得到共产党、左翼联盟、绿党这三个极左翼政党共同投出赞成票的这份国家预算案"[2] 最终获得议会批准，于2016年4月1日开始执行。

---

[1] Sérgio Aníbal e Sílvia Amaro, "A regra não escrita que salvou o OE do chumbo europeu", *Público*, Sáb. 6 Fev. 2016, p.6.

[2] *Público*, Qua. 24 Fev. 2016, p.1.

(三) 对两次风波结果及其原因的分析

两轮政治风波最终都得以平息,我们可以试想一下事件是否可能朝着其他方向发展。

其一,席尔瓦总统是否会坚持指认社会民主党主席科埃略为下一届总理?如果是,葡萄牙则很有可能进入长达半年只有看守政府甚或无政府的政治混乱期。因为,在任总统席瓦尔两届任期即将结束,根据葡萄牙宪法规定,他已无权解散议会并重新召集选举,须待 2016 年 1 月总统大选结束后,由新任总统最早于 2016 年 4 月 1 日行使此项权力。在此期间,作为少数派领导人,科埃略的各项施政方案会反复遭到以社会党为首的左翼党派的否决。但实际上,为了维护民主政治的稳定性,席瓦尔总统最终任命获得多数支持的社会党中央书记科斯塔为总理,尽管席瓦尔的个人倾向是更加支持右翼的社会民主党。在第二次总理任命的徘徊期,席瓦尔于 2015 年 11 月 20 日接受葡萄牙《快报》(Expresso)采访时表露其观点:一方面对"反欧洲"("antieuropeístas")的极左翼政党执政心存顾虑,另一方面还是希望下届政府得到议会的"多数支持"(de apoio "maioritário e consistente")。[①] 席瓦尔最终将决定权投向了民主,而民主则正是"欧洲化"带给葡萄牙最大的政治遗产之一。

其二,社会党是否会与其他左翼政党一道坚决反对欧盟所要求的紧缩政策?如果是,葡萄牙的国家预算案将无法获得欧盟的批准,并将就此与欧盟之间形成政治僵局。但事实上,科斯塔上任前就与左翼联盟、共产党、绿党三家签订协议,在确保联合执政的同时也确保了预算案将获得其他左翼政党的支持;科斯塔上台后在内外双重压力下,不断根据欧盟的要求降低预算目标,最终达到了欧盟对葡国财政紧缩政策的最低

---

① Luis Barra, Expresso, "O que tem dito Cavaco Silva sobre formação de governos", *Expresso*, 20 Nov. 2015. http://expresso.sapo.pt/politica/2015-11-20-O-que-tem-dito-Cavaco-Silva-sobre-formacao-de-governos. (访问时间:2015 年 12 月 22 日)

要求。作为中间偏左的社会党，与其他左翼政党不同。社会党历来是支持"欧洲化"的，甚至比中间偏右的社会民主党更加支持。20世纪70至80年代的社会党领导人马里奥·苏亚雷斯正是当年葡萄牙加入欧共体的力推者，而2011年向欧盟寻求财政救助、首先提出财政紧缩方案的也恰是社会党人若泽·苏格拉底（José Sócrates）。因此，社会党的历史传统决定了在它的领导下，即便是左翼的执政联盟，也不会与欧盟以及"欧洲化"进程背道而驰。

四、葡萄牙的欧洲化与维护国内政治稳定的能力

综上所述，从基础性的政治制度影响之下葡萄牙维护国内政治稳定的能力这一视角来看，在葡萄牙，欧洲化起到了正反两个不同方面的影响。总体而言，正面影响的力度大于负面影响。

一方面，欧共体/欧盟对民主化的政策态度驱使着葡萄牙在加入欧共体之前就开始不断完善本国的民主政治体制，入盟后仍在不断努力完善其多元民主制度与宪政秩序，并努力使之与其他欧洲国家更加趋同。随着葡萄牙议会与欧洲议会之间日渐深入地融合，葡萄牙政体中三个核心要素，即共和国总统、议会与政府的构成分别朝着日益规范化与制度化的方向发展。除此之外，葡萄牙的政党政治也逐渐趋于稳定，尤其值得一提的是，主要政党以及主要国家领导人在欧洲化问题上逐渐形成一致的态度。这些因素促使葡萄牙国内政治的稳定性得以提升。

另一方面，欧盟的"双重民主赤字"问题也给成员国国内政治的稳定性带来了一定的负面影响。无论是在欧盟层面还是在成员国国内政治中，公民政治参与度的不断走低已经成为欧盟以及各成员国的普遍现象。对于葡萄牙而言，尽管其欧洲化促进了国家政权的更迭逐渐呈现出平稳而规律的特征，但其国内政治参与度却呈逐年下降的趋势；尽管政治精英阶层对待欧洲化的态度积极且整体保持一致，但越来越多的普通

民众却对欧洲化持保留态度。这两点在某种程度上削弱了葡萄牙维护国内政治稳定的能力，成为其国内政治发展中的不确定因素。

葡萄牙最近一年来经历的两场政治风波的案例恰好应证了上述两点分析。首先，正是葡萄牙欧洲化进程所产生的潜移默化的影响，帮助该国平稳度过了风波所引发的危机。然而，乐观之余，也必须看到风波背后同样隐藏着诸多的不确定性以及留给未来的隐患。毕竟，也正是当前在欧洲化进程不太稳定的背景下，风波才会如此频繁地发生。

因此，可以总结判断，过去三十年来，葡萄牙的欧洲化整体上促进提升了该国维护政治稳定的能力。但这也并不意味着，未来葡萄牙肯定持续朝着相同的方向发展。

第二节 影响之二：促进经济发展的能力

国际上的研究普遍认为加入欧共体/欧盟后对葡萄牙的经济发展起到了明显的促进作用。从经济增长总量来看，1986 年葡萄牙的国内生产总值只有欧共体平均水平的 54%，2008 年达到欧盟平均水平的 66%，确实有明显提升。但值得注意的是，2001 年葡萄牙的国内生产总值曾经达到欧盟平均水平的 75%，并且当时欧盟尚未大规模东扩，尚没有接受一批经济发展水平相对较弱的中东欧国家。由此可见，进入 21 世纪以来，葡萄牙的经济发展相对而言是有所退化的。2008 年后，国际金融危机及其引发的欧洲债务危机更是让葡萄牙陷入经济发展的困境。下文将分三个阶段来评估葡萄牙加入欧共体/欧盟 30 年来的经济发展状况以及来自欧洲化的影响。

一、1986 年至 1999 年葡萄牙的经济发展状况及其影响因素

（一）宏观经济状况

1986 年至 1999 年间，葡萄牙的生产力水平从相当于欧共体/欧盟平均水平的 49.3% 升至 65.8%，通货膨胀率则从 19.4% 降至 2.3%。公共财政状况也得到明显改善，政府债务占国内生产总值的百分比从 60.8% 降至 56.1%。① 葡萄牙的国内基础设施建设所取得的成效尤为显著，市政建设方面，整个国家的路网交通得到大幅优化，兴建了里斯本到波尔图之间的铁路和高速公路；日常生活设施方面，家用电视机、电话、空调、暖气、洗碗机与汽车等得到大规模普及。

尤其是进入 90 年代以来，葡萄牙的经济发展更为迅猛。1994 年至 1999 年间，葡萄牙的国内生产总值以年均增幅超过 3% 的速度持续上升，失业率则是持续下降。葡萄牙也达到了《马斯特里赫特条约》中所提出的加大财政赤字调整力度的要求，在 1997 年前实现了将财政赤字率控制在占国内生产总值 2.5% 以下的目标。② 具体而言，1994 年至 1999 年间，葡萄牙宏观经济表现可以用如下各项指标的演变直观展现出来（表4）。

---

① Stephen Syrett, "Portugal Transformed", in Stephen Syrett (eds.), *Contemporary Portugal: Dimensions of economic and political change*, Farnham: Ashgate Publishing Limited, 2002, pp.3-4. (Source: European Commission)

② Sebastián Royo, "Portugal and Spain in the EU: The Paradox of Economic Divergence, 2000-2007", in Sebastián Royo (ed.), *Portugal in the Twenty-First Century: Politics, Society and Economics*, Lanham, Maryland: Lexington Books, 2012, p.187.

表 4　1994—1999 年葡萄牙的宏观经济表现

内容	单位	1994 年	1995 年	1996 年	1997 年	1998 年	1999 年
GDP 增幅	年度变化百分比	1.49	2.31	3.50	4.43	4.79	3.89
人均 GDP	欧元	8244	8880	9375	10125	10962	11708
净外债占 GDP	年度变化百分比	无数据	无数据	1.0	-2.1	2.5	16.0
通货膨胀率	年度变化百分比	5.4	4.2	3.1	2.3	2.6	2.3
失业率	年度变化百分比	6.8	7.1	7.2	6.7	4.9	4.4

资料来源：当代葡萄牙数据门户网站（PORDATA）（人均 GDP 根据 2011 年购买力平价计算）

（二）影响因素分析

对于这一时期葡萄牙经济得以实现快速发展的原因，各方面的分析评论意见较为一致，即认为这主要是受到葡萄牙加入欧共体/欧盟的影响，尤其是从 20 世纪 80 年代末开始，受益于欧盟区域政策所涵盖的结构基金、聚合基金以及各类子基金援助。这些基金所提供的外来经费，帮助这个经济发展水平低、基础设施水平薄弱的欧洲偏远国家缩小了与其他欧洲国家之间多年来一直存在的发展差距。

1986 年至 1989 年间，尽管还没有区域政策的整体发展规划，欧盟已经给葡萄牙提供了 11.82 亿欧元来自结构基金的支持，其中一半分布在交通领域，其余的分别投入到水利、能源、教育、医疗、环境、旅游等各领域。以结构基金与聚合基金为核心政策工具的欧盟区域政策在 1989 年至 1993 年第一规划期内，对葡萄牙的投入金额为大约 8.5 亿欧元，其中 35% 用于生产投资，34% 用于基础设施建设，剩下 31% 用于人力资源开发。1994 年至 1999 年第二规划期内，欧盟结构基金与聚合基金共同投入的总金额已增至 155 亿欧元，约占葡萄牙国内生产总值的 3%。①

二、2000 年至 2008 年葡萄牙的经济发展状况及其影响因素

（一）宏观经济状况

2000 年至 2008 年间，葡萄牙国内生产总值的年均增幅低于 1%，有的年份甚至开始出现负增长。失业率与财政赤字均呈上升趋势。公共债务也在恶化：从 2000 年占国内生产总值的 53% 增至 2005 年的 65.9%。固定资本总额逐年下降，2005 年至 2007 年间分别下降 2.9%、0.7% 和 2.8%。在投资与储蓄方面同样呈下降趋势：投资率从 2000 年的 28.1% 降至 2006 年的 20.6%，储蓄率则从 2000 年的 17% 降至 2007 年的 15.1%。② 这一时期内，葡萄牙的宏观经济表现如表 5 所示。

表 5　2000—2008 年葡萄牙的宏观经济表现

内容	单位	2000 年	2001 年	2002 年	2003 年	2004 年	2005 年	2006 年	2007 年	2008 年
GDP 增幅	百分比	3.79	1.94	0.77	-0.93	1.81	0.77	1.55	2.49	0.20
人均 GDP	欧元	12484	13107	13688	13974	14533	15105	15799	16643	16941
净外债占 GDP	百分比	26.3	39.0	42.9	41.1	42.9	50.0	56.6	64.7	74.6

---

① Augusto Mateus (Coord.), *25 Anos de Portugal Europeu: A Economia, a Sociedade e os Fundos Estruturais*, Lisboa: Fundação Francisco Manuel dos Santos e Sociedade de Consultores Augusto Mateus & Associados (AM&A), Maio de 2013, p.505.

② Sebastián Royo, "Portugal and Spain in the EU: The Paradox of Economic Divergence, 2000-2007", in Sebastián Royo (ed.), *Portugal in the Twenty-First Century: Politics, Society and Economics*, Maryland: Lexington Books, 2012, pp.192-193.

(续表)

内容	单位	2000年	2001年	2002年	2003年	2004年	2005年	2006年	2007年	2008年
通货膨胀率	百分比	2.9	4.4	3.6	3.2	2.4	2.3	3.1	2.5	2.6
失业率	百分比	3.9	4.0	5.0	6.3	6.6	7.6	7.6	8.0	7.6

资料来源： 当代葡萄牙数据门户网站（PORDATA）（人均GDP根据2011年购买力平价计算）。

除从时间的角度对葡萄牙自身发展进行纵向比较外，通过同一时期内与其他欧洲国家进行横向比较，同样可以看出这段时间内葡萄牙的经济增长乏力。1999年，葡萄牙、西班牙、希腊的人均国内生产总值分别相当于欧元区平均水平的68%、84%和71%。到2008年，西班牙和希腊进一步缩小了与其他欧洲国家之间的差距，分别达到欧元区平均水平的94%和90%，而葡萄牙却降至64%。葡萄牙的这一表现甚至不如一些2004年才加入欧盟的国家。例如，1999年到2008年间，斯洛文尼亚和塞浦路斯的人均国内生产总值分别从相当于欧元区平均水平的70%和77%增至84%和83%。[1]

（二）影响因素分析

为什么这段时期内，葡萄牙的经济会朝着截然相反的方向发展？葡萄牙国内的许多学者和评论人士都认为，这主要是受到欧洲统一货币政策的不利影响。例如，塞巴斯蒂昂·霍尤（Sebastián Royo）认为，"欧洲货币联盟（EMU）成员国的身份从一开始就导致葡萄牙的货币条件逐步宽松化、利率急剧下降。20世纪90年代末，在葡萄牙国内消费需求高涨，国内信贷猛增，经常账户赤字也在不断扩大的背景下，如果利率上升，将对葡萄牙的经济发展带来不利影响。1999年葡萄牙加入欧

---

[1] António Goucha Soares, "Portugal: An Incomplete Europeanization", in Sebastián Royo (ed.), *Portugal in the Twenty-First Century: Politics, Society and Economics*, Lanham, Maryland: Lexington Books, 2012, p.124.

第四章 欧洲化对葡萄牙国家能力的影响

洲货币联盟并没能缓解这一状况,因为加入之后,葡萄牙的货币政策则被掌握在欧洲中央银行手中,而欧洲央行则是基于整个欧洲联盟统一货币区域的发展情况而做决策,不会考虑到个别成员国的特殊情况。事实情况是,欧洲央行为了改变联盟范围内货币趋紧的状况,于 1999 年 11 月起逐步提高了利率。"① 安东尼奥·苏亚雷斯(António Soares)认为,"接受单一货币可以被视作葡萄牙经济的转折点。加入欧元区后的十年,葡萄牙的经济发展都是欧洲货币联盟国家的警示性案例。"② 里卡多·卡布拉尔(Ricardo Cabral)和维里亚托·马克斯(Viriato Soromenho Marque)则认为,"欧洲货币联盟内部并没有统一的政策目标,而是演绎着'零和游戏'的逻辑。强国(拥有经常账户盈余的信贷优势国家)主导着该联盟内部的决策权,但它们只是希望保持其自身的优势地位并维护本国国家利益,并不会太多考虑相对弱势的债务国家在经济发展中所呈现出的脆弱性。……葡萄牙国家银行行长于 2000 年公开宣称,不用担心经常账户赤字问题,一些影响着政府决策的经济学家们也认为,在欧元区的语境下,有关支付平衡的统计已经成为了过去时。但是,这些政策制定者们却没有考虑到外部不平衡的问题在逐渐恶化。其结果就是,到 2009 年末,有 3/4 的葡萄牙政府债务由境外非常住居民所持有,也就是说葡萄牙政府已经高度依赖外部资金。"③

---

① Sebastián Royo, "Portugal and Spain in the EU: The Paradox of Economic Divergence, 2000-2007", in Sebastián Royo (ed.), *Portugal in the Twenty-First Century: Politics, Society and Economics*, Lanham, Maryland: Lexington Books, 2012, pp.189-190.

② António Goucha Soares, "Portugal: An Incomplete Europeanization", in Sebastián Royo (ed.), *Portugal in the Twenty-First Century: Politics, Society and Economics*, Lanham, Maryland: Lexington Books, 2012, p.124.

③ Ricardo Cabral and Viriato Soromenho Marques, "Portugal: 40 Years of Democracy and Integration in the European Union", Heinrich Böll Stiftung European Union, Mar. 25,2014, https://eu.boell.org/en/2014/03/25/portugal-40-years-democracy-and-integration-european-union.(访问时间:2016 年 7 月 5 日)

在欧洲一体化进程取得显著成绩的同时，各国政界和学术界也已经充分认识到了其中存在的问题和弊端。例如，欧元区的经济一体化和政治一体化存在明显的不同步性，政治一体化进程大幅落后。欧元区只是统一了货币政策，但并没有统一各国的财政政策。这种货币政策集中化与财政政策分散化并存的局面意味着，加入欧元区的国家，虽然让渡了发行货币的主权，却仍然保持着税收和国家经济决策的权力，当各成员国的国家利益与欧元区共同利益经常存在冲突时，就容易出现各个国家之间政策不协调、欧元区内协商成本过高甚至出现整体决策混乱的局面。此外，欧盟区域内各成员国的经济发展水平之间本身存在着较大的差异，产业结构也相对失衡。虽然欧盟希望能借助其区域政策力图改变这一局面，但任何事情都不是一蹴而就的，要解决这类历史性遗留问题，需要经过相当长的一段时间。对于处在相对弱势地位的葡萄牙而言，在经济发展状况稍有好转但尚未超过欧盟平均水平的情况下，突然实现大跃进式的政策开放与主权让渡，必然会对依然脆弱的国内经济带来不小的冲击。

除此之外，欧盟的东扩也对葡萄牙的经济发展带来了一些负面影响。大批新入盟的中东欧国家在一定程度上挤压了葡萄牙在欧盟内部的生存空间，欧盟的区域政策不再是明显地向南欧国家倾斜，而是要更多地照顾到经济基础更加薄弱的中东欧国家。由于中东欧国家的劳动力成本比葡萄牙更低，相应地，葡萄牙在欧盟区域内开展自由贸易时已不再有最初阶段的成本优势。而除了低成本外，葡萄牙的经济似乎也没有太多其他方面的竞争优势。

尽管如此，欧盟的统一货币政策自身的弊病及其在欧洲一体化进程中表现出来的相关问题，和欧盟东扩的政策一样，都只是对葡萄牙经济发展产生影响的外部因素，充其量只是在特定情况下加剧了葡萄牙宏观经济的恶化。葡萄牙在这一阶段经济增长乏力，归根结底还需要从其内部去寻找原因。

首先,是葡萄牙自身财政政策方面的原因。与同类国家相比较,加入欧元区最初十年内,爱尔兰与西班牙的国家预算都实现了盈余,希腊将其公共债务降到了欧洲货币联盟所要求的3%的红线之下。然而在同一时期内,葡萄牙的公共债务却一直超过3%,并在2005年达到6%的峰值。考虑到公共经济部门的规模,在这十年间,西班牙和希腊都削减了国内生产总值的支出总额,但葡萄牙却一直在增加,是同时期内同类国家中唯一将外部环境置之度外而持续提高公共财政支出的国家。"葡萄牙执政当局过度沉溺于通过私有化进程中获得的大量税收以及低利率时期所收获的益处,持续增加公共财政开支,而不是将国家的经济发展放到全球化的背景下去思考究竟应该采取怎样的经济政策"。[1] 葡萄牙的经济发展由此失衡。

其次,是葡萄牙在与欧盟就区域政策进行对接方面的原因。虽然欧盟区域政策及其涵盖的各类基金是在经济方面紧密联系葡萄牙与欧盟的纽带,也是在葡萄牙加入欧盟的最初十五年有效推动该国经济发展的催化剂。整体而言,从1989年到2013年期间,葡萄牙接受来自欧盟结构基金与聚合基金的资助合计已超过960亿欧元(按照2011年的购买力平价计算)。其中,自欧盟聚合基金开始运行起,1993年至2011年间,葡萄牙接受来自欧盟聚合基金的资助金额为接近90亿欧元(按照2011年的购买力平价计算)。[2] 但是,葡萄牙在接受欧盟区域政策援助以及制定本国对接政策的过程中,并没有深入评估自身经济发展的优势与劣势,并没有制定完善的国家经济发展规划,更没有根据自身的规划而对

---

[1] João F. Amaral, "A Economia Portuguesa na União Europeia", *Revista de Estudos Europeus*, 1 (2007), p.219.

[2] Augusto Mateus (Coord.), 25 *Anos de Portugal Europeu*: *A Economia, a Sociedade e os Fundos Estruturais*, Lisboa: Fundação Francisco Manuel dos Santos e Sociedade de Consultores Augusto Mateus & Associados (AM&A), Maio de 2013, p.505.

欧盟提出有针对性的诉求。如前文所述，欧盟区域政策在前两个规划期对葡萄牙所提供的基金支持，都主要用于以交通设施为代表的基础设施建设方面，这确实起到了非常明显的促进作用，帮助多年来基础设施薄弱的葡萄牙加速实现了现代化。然而，第三规划期，葡萄牙仍将来自欧盟的援助基金主要用于基础设施建设，且所占比例又有大幅提升。有数据显示，2000年至2006年第三规划期内，葡萄牙获得了200多亿欧元的资助，其中62%用于基础设施建设，16%用于提高劳动力素质，15%用于生产投资，4%用于技术支持及其他，以及3%用于对企业提供支持。直到2007年至2013年第四规划期，在国际金融危机与欧洲债务危机的冲击之下，情况才开始逐渐发生变化。葡萄牙所获得的相应资助金额为210亿欧元①，虽然其中有很大一部分仍然被用在了基础设施建设方面，但也逐渐开始增加对人力资源与创新活动的投入。直到第五规划期，葡萄牙对欧盟区域政策中各类基金的使用方式才得到了明显的调整。2014年至2020年第五规划期内，葡萄牙欧盟区域政策获得的各类基金资助超过250亿欧元，其中41%将被用于提升国家的竞争力和国际化水平，25%用于高效利用资源与促进可持续发展，17%用于对人才的培养，剩下17%则被用于建设包容性社会和促进就业。②

对于经济发展方面历史遗留问题诸多，加入欧盟初期就与其他成员国之间发展差距较大的葡萄牙而言，本应该以更加清醒地头脑认识到自身的缺陷与不足，认识到自身在欧洲区域环境乃至整个全球化的大环境

---

① Beatriz Monteiro Gonçalves de Assunção, *A Importância dos Fundos Estruturais no Desenvolvimento Empresarial Português*: *Uma Visão Prática a partir do IAPMEI*, Relatório de Estágio de Mestrado em Economia, apresentado à Faculdade de Economia da Universidade de Coimbra para obtenção do grau de Mestre, Coimbra, 2013, pp.6–11.

② Associação Nacional da Formação e Ensino Professional, "Portugal 2020: Guia para os Fundos Estruturais", https://www.forma-te.com/geral/portugal-2020-guia-para-os-fundos-estruturais. （访问时间：2016年7月11日）

中的劣势地位,进而通过优化国内的经济政策,辅以外部的援助政策,以加速度的增长方式促进本国经济发展。然而,现实情况却表现为,葡萄牙由于过度依赖来自欧盟区域政策的外部援助,并满足于最初阶段从援助政策中收获的成果,缺乏足够的危机意识和与时俱进的政策调整,再加之欧洲货币一体化的迅猛推进以及欧盟东扩等外部因素的影响,因而错过了21世纪头十年经济发展的最佳机遇期。

三、2009年至今葡萄牙的经济发展状况及其影响因素

(一)宏观经济状况

这一时期内,有关葡萄牙经济发展状况的报道,绝大多数都是负面报道。2008年的金融危机让经济基础原本就不牢固的葡萄牙受到重创。在2009年至2010年希腊主权债务问题的发酵和蔓延下,葡萄牙在2011年终究成为在欧洲债务危机中轰然倒下的第三块多米诺骨牌。葡萄牙银行业是该国国债的主要投资者,但由于融资成本飙升且评级被下调,葡萄牙的银行已无法再购买更多的国债,葡萄牙政府不得不向欧盟委员会申请财务援助,以保障国家运行所需要的经费来源。

2009年至今,葡萄牙经济增长明显乏力,国内生产总值最高年度增幅仅为1.9%,多数年份呈负增长趋势,其中2012年达到-4.03%。净外债占国内生产总值的百分比已超过100%。失业率大幅攀升,2009年至2015年期间,年平均失业率达到13%。(如表6所示)

表6 2009年至今葡萄牙的宏观经济表现

内容	单位	2009年	2010年	2011年	2012年	2013年	2014年	2015年
GDP增幅	百分比	-2.98	1.90	-1.83	-4.03	-1.13	0.91	1.46
人均GDP	欧元	16601	17017	16686	16015	16282	16675	17317
净外债占GDP	百分比	82.9	81.2	84.5	101.8	99.9	104.6	101.5

（续表）

内容	单位	2009年	2010年	2011年	2012年	2013年	2014年	2015年
通货膨胀率	百分比	-0.8	1.4	3.7	2.8	0.3	-0.3	0.5
失业率	百分比	9.4	10.8	12.7	15.5	16.2	13.9	12.4

资料来源：当代葡萄牙数据门户网站（PORDATA）（人均GDP根据2011年购买力平价计算）

（二）影响因素分析

这段时期内，葡萄牙的经济发展与欧洲经济整体发展态势相关，尤其是与欧盟、欧洲央行和国际货币基金组织"三驾马车"在2011年5月至2014年6月间对葡萄牙实施为期三年的紧缩性经济援助政策措施密切相关。

欧盟委员会于2014年10月发布了题为《针对葡萄牙的经济调整计划（2011—2014）》（以下简称《经济调整计划》）的评估报告[1]，认为在该《经济调整计划》指导下，葡萄牙政府执行的各项政策措施成功地帮助该国改善了公共财政状况，稳定了国家金融部门，并将葡萄牙经济重新带回复兴与增长之路。该报告认为，在《经济调整计划》的指导下，葡萄牙采取了财政结构调整的措施，更加注重机构改革，以改善公共财政管理，理性控制财政支出并降低了财政风险；尽管在金融领域《经济调整计划》所取得的成效被计划执行结束之后葡萄牙第三大银行圣灵银行（Bonco Espírico Santo）所引发的动荡掩盖，但也不得不承认，即便是在经济形势十分不利、金融环境十分困难的情况下，葡萄牙的银行系统整体上得到了稳定；在《经济调整计划》的指导下，葡萄牙政府采取了一系列结构性改革，包括在劳动力和产品市场、互联网产业、服务与监管行业、城市租赁市场、司法部门以及公共行政管理部

---

[1] European Commission, *The Economic Adjustment Programme for Portugal* (2011-2014), October, 2014.

门等都进行了改革与调整；因此，该计划的执行帮助稳定了葡萄牙的经济与金融体系，为葡萄牙回归可持续发展与创造就业的道路奠定了基础。

然而，尽管葡萄牙官方对紧缩政策及其成效的评价与欧盟的声音较为一致，但葡萄牙民间的评论却并不尽然。许多葡萄牙民众对"三驾马车"所强制实施的紧缩政策怨声载道，因为这些政策措施的确影响到了他们的日常生活，使其生活质量明显下降。葡萄牙评论人士里卡多·卡布拉尔与维里亚托·马克斯用两点理由对上述观点提出了质疑①：第一，虽然普遍的观点都认为葡萄牙所面临的危机是由国家政策执行不当而导致的财政危机，因此，"三驾马车"对症下药的处方是促使葡萄牙政府从以前的惯性式发展路径中走出来；然而，回归到事实中进行分析，葡萄牙所经历的危机其实更应该被归结为由外部债务问题以及国际收支不平衡所引发的危机。根据欧洲统计局的数据，虽然葡萄牙的主权债务占国内生产总值的比率达到了 67.7%，但仍低于同期德国的 68.6%；相反，从 2009 年开始，葡萄牙的净外债占国内生产总值的比率却一直高于 80%。因此，《经济调整计划》并没有找到真正的症结所在。第二，自 20 世纪 90 年代初以来，"紧缩"（austerity）一直是引领欧盟以及欧元区不断前进的神话般的力量。"这些没有根据的信条"被根植于《马斯特里赫特条约》的重要章节之中。当危机爆发时，人们很容易迅速做出如下反应：需要采取更多的紧缩政策，"紧缩是应对欧元危机唯一可行的方式"②。因此紧缩的政策措施不断得到宣扬，推崇

---

① Ricardo Cabral and Viriato Soromenho Marques, "Portugal: 40 Years of Democracy and Integration in the European Union", Heinrich Böll Stiftung European Union, Mar. 25, 2014, https://eu.boell.org/en/2014/03/25/portugal-40-years-democracy-and-integration-european-union. （访问时间：2016 年 7 月 15 日）

② Wolfgang Schäuble, "Why austerity is only cure for the eurozone", *Financial Times*, 5 September 2011.

者们认为在制定经济政策过程中需要聚焦于提高税收、减少财政支出，但却并没有针对国际收支平衡的问题（评论者认为导致危机发生的真正原因）提出相应的解决措施。外部债务进一步大幅增加正是《经济调整计划》带给葡萄牙的副产品之一。此外，调整方案带给葡萄牙的更加灾难性的结果或许是倒退与贫困：导致葡萄牙失业率上升至史无前例的高度，大量葡萄牙青年选择移民，以及引发了一系列社会问题（如自杀率、贫困率、饥饿率的上升等）。

以上两种截然相反的分析观点各有其合理性与片面性。尽管从统计数据来看，这一时期内葡萄牙的宏观经济表现并不尽如人意，但是任何一个国家从经济危机中走出来都需要一个过程，在这个过程中需要采取有针对性的措施。或许"三驾马车"所倡导的措施并非最理想的，在短期内也会带来很多不良影响，但在葡萄牙国家已经走向穷途末路的情况下，已经是别无选择的最优解决方案。作为出资方，在欧盟委员会主导下的"三驾马车"制定政策时的出发点必然是整个欧洲联盟共同体的利益，而非葡萄牙的国家利益，因而会用他们认为行之有效的政策方针来对葡萄牙政府提出要求，这难免会侵犯葡萄牙民众的利益。

不管怎样，在葡萄牙政府与欧盟的共同努力下，如今葡萄牙已经成功走出了危机，正在努力朝着经济良性发展的道路前进，尽管未来还将面临着更多的问题和挑战。

四、葡萄牙的欧洲化与促进经济发展的能力

通过对以上三个不同阶段葡萄牙宏观经济发展状况的梳理，以及对不同阶段的影响因素进行分析，可以总结归纳如下：加入欧共体/欧盟三十年来，葡萄牙不再是也将不可能是独善其身的行为主体，其经济发展早已深度融入到整个欧洲一体化进程之中，欧盟的区域政策、统一货币政策以及危机时期的特别援助政策都对葡萄牙的经济产生了深刻影

第四章 欧洲化对葡萄牙国家能力的影响

响。但客观而言，欧盟的各类政策措施虽然从整体上有助于葡萄牙提高经济发展水平，在短时间内完成了其他欧洲国家大约需要半个世纪才得以实现的现代化进程；但是，这些政策并没有从真正意义上帮助葡萄牙提升促进经济发展的国家能力，或者说是葡萄牙并没有很好地利用欧盟的政策措施来提高自身促进经济发展的能力。

首先，欧盟区域政策是一种"授之于鱼"而非"授之以渔"的政策，给予相对落后国家的是直接的货币援助，而缺乏对成员国发展能力的关注。从葡萄牙的角度来分析，对于欧盟区域政策，葡萄牙主要采取被动接收的方式，并没有在接受援助的过程中很好地发挥主观能动性。长时间将来自欧盟的基金大量投入于基础设施建设，而没有足够重视国家产业结构的调整与提升，努力寻找新的经济增长点，没有形成有自身特色的优势产业，这就导致葡萄牙经济长期缺乏足够强大的竞争力。

其次，欧洲统一货币政策是一种"一刀切"的政策，对不同类别的国家设定的是相同的门槛，对相对落后国家面临的困难估计不足。而葡萄牙自身则是在条件尚不成熟的情况下，过于积极地寻求加入欧元区。为了能赶上1999年实现"单一货币"这趟车，葡萄牙于1992年4月便积极申请成为欧洲货币体系汇率机制（ERM）的成员国。然而，由于葡萄牙加入欧共体前经济基础非常薄弱，即便是到了1992年，葡萄牙在欧洲区域政策的支持下，已经实现了国内经济的显著飞跃，但总体经济发展水平仍然与ERM成员国平均水平差距较大。在此背景下，葡萄牙仓促加入ERM并非是水到渠成、条件成熟的。有学者在1992年就分析预测了此举将弊大于利：加入ERM，将减少"铸币收入和隐性税收入"，从而使葡萄牙债务累积增加；加入ERM，会让过去的管理浮动汇率制转变为仅有6%波幅的固定汇率制，这将使葡萄牙在面临外部冲击时失去运用灵活的汇率工具调整的能力。① 这都在后来的危机中得到了事实的验证。

最后，欧盟在危机时期对针对葡萄牙实施的特别援助政策是特别时期的紧急救援政策，并非长效机制，因而也并不成熟和完善。该政策对成员国的国内政策干预过多，导致其在发展过程中备受束缚，而难以较好地发挥主观能动性。对于葡萄牙而言，需要从特别援助政策中所吸取的也并非只是"紧缩"二字。好的经济政策调整并不是一定要时刻带着紧箍咒、勒紧裤腰带，而是要有能力高效利用资源，找到经济增长的突破口。改革固然重要，但更重要的是，要找准改革的方向。

第三节 影响之三：优化社会治理的能力

加入欧共体/欧盟30年来，葡萄牙社会经历了显著变化。在此之前，葡萄牙经历了近半个世纪法西斯式的独裁统治，国民生活水平几乎没有得到任何提高。葡萄牙民众一直是低收入的、贫穷的、受教育水平低的群体，尽管与其他欧洲国家相比差距甚远，但在相对封闭的社会环境下，却很容易满足于本国的现状。

虽然葡萄牙的现代社会保障体系建立于1974年，"4·25革命"后，但直到1984年才通过首部《社会保障基本法》。1993年，葡萄牙根据欧洲乃至世界范围的通行做法，对该国的社会保障体系进行了改革。葡萄牙的欧洲化进程，推动了该国在不同领域进行社会保障的制度建设与改革。例如，传统而言，葡萄牙社会保障中的社会支持并非普适性的，而仅仅是针对不同情形的酌情支持，根据对社会工作者价值的主

---

① 董玉华：《葡萄牙加入欧洲货币体系汇率机制问题探讨》，载《金融与经济》，1992年第8期，第53—56页。

观判断而予以确定,许多大众群体都被排除在社会保障体系之外,例如那些无家可归者。直到到 20 世纪 90 年代末,随着国际通行的最低收入保障制度在葡萄牙实施,这一现状才得到改善。再如,葡萄牙医疗卫生体系的发展,1986 年葡萄牙加入欧共体/欧盟后,给该国医疗卫生的发展带来了大量的外来经费支持,帮助该国明显改善了医疗设施与条件。加入欧共体/欧盟后,葡萄牙很快又通过了国家《健康基本法》,第一次将保障公民的健康列为国家与社会的责任,而不仅仅只是公民自身的权利。1990 年开始实施医疗领域的减税政策,并更好地规范医疗经费的使用。1993 年,葡萄牙建立了五个区域性的医疗健康管理部门,以便更好地为不同地区的医院、卫生中心以及患者服务。

一、加入欧共体/欧盟 30 年来葡萄牙社会变迁概况①

从城市化的发展来看,1996 年至 2006 年间,葡萄牙的城市数量从 88 个增至 158 个,城市人口从占全国人口的 37% 提高到 46%,尤其是里斯本和波尔图两个超级大都市,集聚了越来越多的人口。从人口数量变迁来看,20 世纪 90 年代至 21 世纪的头十年,得益于加入欧共体/欧盟后的边境开放,葡萄牙吸引了大批来自欧洲其他国家的移民,这使得葡萄牙尽管面临出生率下降这一大趋势的压力,依然能在很长一段时间内保持人口的红利;然而,2010 年后,由于受主权债务危机以及国内经济发展困境的影响,又有大批人口,尤其是年轻人选择移出葡萄牙,转而到其他欧洲国家去谋生存。从人口的年龄分布来看,1986 年至 2010 年间,葡萄牙 15 岁以下的人口数缩水了三成,从占总人口的 23%

---

① 本节数据来源,参考:(1) Augusto Mateus (Coord.), 25 *Anos de Portugal Europeu*: *A Economia*, *a Sociedade e os Fundos Estruturais*, Lisboa: Fundação Francisco Manuel dos Santos e Sociedade de Consultores Augusto Mateus & Associados (AM & A), Maio de 2013, pp. 239 – 417.; (2) 当代葡萄牙数据门户网站(PORDATA) http://www.pordata.pt/Portugal. (访问时间:2016 年 7 月 20 日)

降至15%；而65岁及以上的人口数则增加了65%，从占总人口的12%增至18%；工作年龄段的人口与老龄人口的比例从5∶1降至4∶1。

从就业方面的发展变化来看，自从加入欧共体/欧盟后，葡萄牙在家政服务、公共与商业服务、工业、能源、水利、农业、林业以及渔业等领域就业的人口数明显增加。除了在1993年略有回落外，1986年至2008年间，葡萄牙的就业率呈现持续稳定上升的趋势。其后受2008年金融危机及诸多后续问题的影响，就业率开始下降。1986年至2010年间，葡萄牙劳动人口的平均工作时长缩短了14%，从每周41.1小时降至35.4小时，男性与女性劳动人口之间工作时长的差异也从平均每周5小时降至3小时。除了就业率外，加入欧共体/欧盟后，葡萄牙的创业率也呈持续增长态势，到1996年，葡萄牙创业人口已达到该国就业总人口的6%，2004年以后，该趋势有所减缓，近年来保持在5%左右的水平。

从收入及其分配方面来看，葡萄牙的家庭可支配收入在整个20世纪90年代都呈现出高速增长的趋势，除了在1994年的经济危机时期增速略有减缓。整体而言，葡萄牙家庭多元化的财富来源超过了住房和存款。从1995年起，劳动报酬对葡萄牙家庭收入贡献的比重越来越大，并逐渐超过其他收入来源。1995年至2010年间，葡萄牙家庭的储蓄率降低了约1/5，从占可支配净收入的13%降至10%。尽管葡萄牙在1986年至2010年间实现了家庭可支配收入的显著快速上升，但在收入分配方面，尤其是缩小贫富收入差距方面，进展却相对缓慢。

从社会中产阶级构成来看，1986年至2010年间，葡萄牙社会中产阶级的构成也发生了显著变化，在性别和年龄分布方面，更多的妇女和年轻人成为中产阶级人群；在职业分布方面，从事智力或科学类相关职业的中产阶级人口从7%增至10%，从事监管或领导职务的中产阶级人口则从11%降至6%。随着人口的增长与产业的变迁，葡萄牙中产阶级中从事经济现代化的外包服务业的专业人群也从1992年的14%增至2010年的16%。

从社会保障方面来看,自从1984年通过首部《社会保障基本法》后,葡萄牙的社会保障模式逐步拓展。例如,1985年开始实施针对失业人群的社会保障制度,1986年创建单一税制,以及1990年开始实施的第14个月退休金,等等。1986年至2010年间,包括社会福利、行政及运营成本以及转移性支出在内的葡萄牙社会保障总支出占该国国内生产总值的比重从15%增至28%,而相关领域的总收入则从占国内生产总值的17%增至29%。然而,葡萄牙用于社会保障体系开支的增长速度超过其生产及就业的增速,这也对该国资金的可持续性带来了压力。

从教育领域来看,加入欧共体/欧盟后,原本在教育领域发展基础较为薄弱的葡萄牙加大了对教育的投入。1985年至1987年间,葡萄牙的教育投入占国内生产总值的3.8%,1995年至1997年间则增至5.8%。葡萄牙为欧盟国家中对教育投入比重较高的国家。除了加大投入外,葡萄牙也采取各种措施提升国民的受教育率。基础教育方面,葡萄牙进行了两次针对义务教育的改革,1986年,葡萄牙出台了《教育法》,将义务教育延长至9年,覆盖面为6岁至15岁的青少年群体;到2007年则增至12年,主要覆盖面为6岁至18岁的的青少年群体。高等教育方面,葡萄牙采取了多项措施鼓励更多的年轻人接受高等教育。这些措施包括:1995年,提升技术专业课程在葡萄牙教育体系中所占比重;2001年,建立成人教育认证体系,包括鉴别过程及资质的认证;2005年,建立中等教育的双认证程序,扩大国民接受高等教育的机会,尤其是提高接收23岁以上人群进入技术专业课程学习的比例;以及2005年,借助欧盟推进博洛尼亚进程(Bolonha Process)之机,在国内教育领域推行欧洲的信任体系。从葡萄牙在校生人口的数量来看,加入欧共体/欧盟前后基本保持在近似水平;然而,从在校生接受教育的水平来看，却实现了显著提升。1986年至2010年间，接受高等教育的葡萄牙学生占全部在校生比重从5%增至16%，接受中等教育的则由11%增至20%。

从医疗健康领域来看，葡萄牙是欧盟成员国中在这方面取得进展最大的国家。葡萄牙用于医疗健康方面的公共开支从1989年至1990年间占国内生产总值的5.7%增至2010年占国内生产总值的11%，翻了近一倍。相比而言，欧盟国家在医疗健康领域公共开支的平均水平从1995年占国内生产总值的7%增至2010年的9%。葡萄牙从医疗健康领域投入较低的国家发展为欧盟领先的国家。葡萄牙增大投入力度也带来了显著的成效。过去30年来，葡萄牙居民的预期寿命显著提高，新生婴儿死亡率大幅降低。根据欧洲统计局2012年的数据，在2009年的排名中，葡萄牙65岁人群的健康水平在欧盟27国中位居第三。

从道路交通与信息社会建设的领域来看，加入欧共体/欧盟后，葡萄牙社会的融通更加便捷高效。1986年至2010年间，葡萄牙新建了2500公里的高速公路和3200公里的普通公路，高速公路覆盖率自1998年起一直高于欧盟平均水平。道路交通事故率也明显下降。在信息化社会建设方面，葡萄牙自世界上诞生第一张预付费移动电话卡之后，短短四年内本国的移动电话用户数就已超过固定电话的用户数，并在1997年超过欧盟国家移动电话使用率的平均水平。

在环境保护与可持续发展领域，加入欧共体/欧盟以来，葡萄牙在环境基础设施建设方面迎头赶上，并在近年来充分利用自身的资源条件优势，成为欧盟成员国中在环境保护与可持续发展领域的先锋国家。2009年葡萄牙的公共用水覆盖率为96%，相比而言，1990年仅为81%；两个时间段的废水排水率分别为84%和60%；2009年的废水处理率为73%，而1997年仅为36%；优质生活用水覆盖率从1993年的50%增至2010年的98%。尽管温室气体排放对葡萄牙的影响在20世纪90年代开始加速，但在世纪之交却得到了稳定。自 2005 年以来，葡萄牙的温室气体排放量不断减少，天然气和可再生能源使用率不断增加，车辆税费改革不断推进，住房以及运输的能源使用效率也在持续提升。2015 年底在巴黎召开的第 21 届联合国气候变化大会上，葡萄牙提出要在国内建立实现社会、经济、政府财政以及环境全方位协调的可持续发展模式，葡萄牙有把握在 2030 年前关闭所有煤电厂，进入"无煤"时代，到 2020 年左右，葡萄牙的两座火力发电厂也将结束运营，葡萄牙有望在 21 世纪中叶实现 100% 依靠可再生能源来发电的目标。[1]

二、葡萄牙的欧洲化与优化社会治理的能力

加入欧共体/欧盟 30 年来，葡萄牙在城市化建设、就业、社会财富积累、社会中产阶级的成长与壮大、社会保障、教育、医疗健康、道路交通与信息化建设以及环境保护与可持续发展等社会生活的各个方面都实现了较大的突破，在欧盟区域政策的影响下，葡萄牙的欧洲化确实促进提升了该国优化社会治理的能力。

首先，以各类基金为重要组织部分的欧盟区域政策一直重视对葡萄牙的援助与支持，旨在缩小葡萄牙与其他欧盟国家之间社会发展的差距，扩大整个欧盟的社会包容性。欧共体在设立结构基金的初期就提出，要从欧洲地区开发基金、欧洲社会基金以及欧洲农业指导与保障基金中提出部分资金，专门用于支持欧共体内最不发达地区的发展，消除这些地区的落后状态，让它们能够成为单一欧洲市场中的平等参与者，提升整个欧洲社会内部的聚合。20 世纪 80 年代末，欧共体首次对所辖区域内的最不发达地区进行划分，确定了人均国内生产总值的评判指标，将人均国内生产总值低于共同体平均水平 75% 以下的地区列为最不

---

[1] 林森：《葡萄牙承诺发展"绿色经济"，到 2030 年不再使用煤炭》，载《能源研究与利用》，2016 年第 1 期，第 19 页。

发达地区。具体而言，这些地区包括西班牙的部分区域，如安达卢西亚、阿斯图里亚、加利西亚等，意大利的阿布鲁奇、撒丁、西西里等，法国的各海外省和科西嘉以及英国的北外尔兰，而希腊、爱尔兰和葡萄牙这三个国家全国范围都被纳入当时欧共体的最不发达地区。在对最不发达地区进行支持的结构基金的组成部分中，欧洲社会基金是旨在提升欧洲社会凝聚性，以及旨在提高相对落后成员国社会治理能力的基金。欧洲社会基金的主要目标包括：曾强凝聚性，提高区域竞争力，提升就业水平，用于重点支持成员国就业计划的组织实施，扩大各成员国内不同区域间以及整个欧盟范围内的社会包容性。

其次，某些具体领域的欧盟政策同样对葡萄牙实现在相应领域的优化发展起到了指导性的推动作用。以20世纪90年代欧盟就业政策对葡萄牙就业政策的影响为例，通过制定就业政策指南，指导成员国制定本国中长期就业行动计划以及评估、监测成员国在促进就业方面所取得的进展等方式，欧盟对葡萄牙就业政策的发展起到了指导性作用。在此基础上，鼓励成员国之间在促进就业领域进行政策及经验交流，同时辅以来自欧洲社会基金的财政经费支持，以多管齐下的方式推动了葡萄牙社会就业的发展。除了2008年以后的危机时期外，在过去30年的大部分时间内，葡萄牙得以保持较低的失业率和较高的就业率，不断改进国内的就业结构与劳动关系，整体上实现了就业市场朝着良性合理的方向发展。再如，欧盟的教育政策同样指导并促进了葡萄牙的教育改革与发展。欧盟教育政策中所推行的博洛尼亚进程的主要目标之一是提高欧盟范围内受教育人群的流动性，而促进流动性的基础是确保不同国家教育体系中学位制度以及层级结构保持一致并相互匹配。尽管葡萄牙传统教育制度与博洛尼亚进程所要求的实现统一性学位制度之间存在一定的冲突，例如葡萄牙长期实行普通大学与理工学院并存的双轨制高等教育制度，但葡萄牙为了推动国家教育体系的开放，还是坚持在博洛尼亚进程的框架下进行改革，使得该国的高校能够拥有更多的机会与欧洲其他国家之间开展合作并参与国际交流。整体而言，在欧盟教育政策的影响下，葡萄牙的教育体系不断改革以适应欧洲统一标准，并逐渐朝着更加开放更加国际化的方向发展。

第四节　影响之四：引领未来发展的科技创新能力

在欧洲化进程中，欧盟的区域政策与研发政策共同影响着葡萄牙的科技创新政策。1986年以来葡萄牙科技创新政策的实施确实改变了该国的科技创新绩效。下文将从葡萄牙科技投入与产出的发展变化，以及国家科技创新管理体制的演变两个方面来考察葡萄牙的欧洲化对其引领未来的科技创新能力所产生的影响。

一、葡萄牙的科技创新投入与产出

（一）葡萄牙的科技创新投入

根据PORDATA的数据，葡萄牙在1986年至2015年期间科技投入与产出各项指标均呈现明显的上升趋势。从科技创新的投入来看，1986年葡萄牙的研发投入额为5700万欧元，占国内生产总值的0.2%，2015年其研发投入已增至17.56亿欧元，2009年至2011年研发投入占国内生产总值比重均达到1%，2012年至今由于受"后危机"时期财政紧缩政策的影响，该比例有所回落，但仍保持在0.9%的水平。[①]

具体而言，在研发经费投入方面，1987年，时任葡萄牙总理的科瓦略·席尔瓦宣布要在20世纪80年代末实现葡萄牙研发投入占国内生

[①] 林娴岚：《欧盟区域政策对葡萄牙国家科技创新能力的影响》，载《中国科技论坛》，2016年第9期，第148—154页。

产总值比重达到1%的目标。1984年,该比重为0.4%,然而到1990年只增至0.54%。① 21世纪头十年的中期起,葡萄牙研发投入开始飞速增长,2007年研发投入占国内生产总值的比重首次突破1%,达到1.21%。到2009年该比重达到葡萄牙的历史最高水平,即1.64%。葡萄牙的研发投入从20世纪90年代初开始逐渐提升,主要是受"支持共同框架"(QCA)与"国家战略参考框架"(QREN)影响的结果。根据上述政策框架,葡萄牙制定了"科学发展计划"(CIÊNCIA)、"科技促进区域创新发展计划"(STRIDE-Portugal)、"科技运行干预计划"(PRAXIS XXI)、"科技与创新运行计划"(POCTI)以及"提升竞争力计划"(COMPETE)等。在这些计划中,均设立了特定的激励资金,用于支持科技乃至整个经济活动。根据POCTI研究的中期评估,在1990年至2006年执行CIÊNCIA、STRIDE—Portugal、PRAXIS XXI与POCTI计划期间,实际用于科技创新的公共财政支出为11.57亿欧元,而同期的预算金额为9.53亿欧元。②

1995年,葡萄牙政府研发投入金额为3亿欧元,占全部研发投入的65%,到1999年增至5.68亿欧元,占比为70%。到2007年,政府研发投入金额持续上升至8.79亿欧元,但所占全部研发投入的比重已降至45%。尽管到2009年,政府研发投入的绝对值已达到12.53亿欧元,但所占比重依然保持在与2007年同等水平。相比而言,企业研发投入所占比重从1999年的21%增至2007年的47%,首次超过政府投入的比重。③ 由此可见,2007年起,葡萄牙的研发投入明显增加,其中政

---

① Manuel Mira Godinho, *Inovação em Portugal*, Lisboa: Fundação Francisco Manuel dos Santos, 2013, p.41.

② Manuel Mira Godinho, *Inovação em Portugal*, Lisboa: Fundação Francisco Manuel dos Santos, 2013, p.42.

③ Manuel Mira Godinho, *Inovação em Portugal*, Lisboa: Fundação Francisco Manuel dos Santos, 2013, p.43.

府投入所占比重相对过去而言已大幅下降，而企业投入开始成为重要的推动力量，该国研发投入结构朝着更加多元化的方向发展。上述转变得益于如下几方面原因。首先，对科技创新重要性的认识使得许多公司决定增加研发投入，并创造有助于开展研发活动的组织环境。1995年，在葡萄牙登记的科研型企业只有234家。其后这类企业数大幅上升，到2005年、2007年与2010年分别增至939家、1596家与1960家。其次，在欧盟框架下，葡萄牙政府制定的激励政策为企业增加研发投入提供了制度保障。根据欧盟批准的"经济运行计划"——"促进经济现代化计划"（POE-PRIME），葡萄牙政府采取了名为NITEC的政策措施，即建立打造企业核心研发竞争力的激励系统。第三，葡萄牙开始调整产业结构，逐渐减少低技术含量产业所占比重，朝着技术密集型产业方向发展，尽管这一作用尚不明显。最后，始建于1997年的企业研发财税激励体系（SIFIDE）在经历了2005年的修订后，对于研发型企业而言，费率更加优惠，税收抵免幅度更大，成为鼓励企业进行研发的重要政策工具。

除研发经费投入外，加入欧共体/欧盟30年来，葡萄牙对科技创新的人力资源投入也呈显著上升趋势。从研发人员全时当量（Equivalentes a tempo integral，简称ETI）看，1982年葡萄牙的研发人员全时当量仅为0.86万人年，1991年增至1.34万人年，2005年增至2.53万人年，到2010年则增至5.24万人年。并且在1982年的0.86万人年中，研究人员比重仅占35%，其余65%均为技术辅助人员；而到2010年，该比例已调整为88%的研究人员与12%的技术辅助人员。[1] 对于一个总人口仅约1000万的国家而言，实现上述突破也并非易事。葡萄牙国家科学技术研究委员会（1997年后的科技基金会）加大力度培

---

[1] Manuel Mira Godinho, *Inovação em Portugal*, Lisboa: Fundação Francisco Manuel dos Santos, 2013, pp.53-54.

养硕士、博士研究生以及博士后研究人员,从客观上促进了该国研发人员全时当量的提升。

从 QCA 与 QREN 计划所提供的奖学金来看,1990 年至 1993 年间,平均每年为 393 位博士研究生提供奖学金,随后逐年增加,到 2005 年至 2010 年间,接受奖学金资助的博士研究生人数增至平均每年 1746 人;相应地,受资助博士后人员数也从 1994 年至 1999 年间的 114 人增至 2005 年至 2010 年间的 579 人。1981 年至 2013 年间葡萄牙获得博士学位的人数大幅上升(图 8)。尽管如此,葡萄牙博士毕业生的流向仍存在明显的局限性。以 2009 年的统计数据为例,在拥有博士学位的 19876 名就业者中,只有 196 人是在企业工作。

图 8 1981—2013 年葡萄牙获得博士学位人数

资料来源:PORDATA。

(二)葡萄牙的科技创新产出

从科技创新的产出来看,葡萄牙居民在国内申请发明专利数量从 1990 年的 148 件增至 2014 年的 812 件,被授予发明专利数量从 1990 年的 16 件增至 2014 年的 139 件,在欧洲乃至世界范围内的发明专利申请数量均有显著增长。每百万居民拥有的科技论文数量从 1986 年的 6.6

篇增至 2013 年的 184.5 篇。每千人中全时当量研发人员数量从 1986 年的 2.2 增至 2014 年的 9.0。①

1981 年至 2013 年间,葡萄牙发表科学论文数、发表科学论文被引用数(图 9)以及每百万人口发表科学论文数(图 10)均呈现出明显的上升趋势,尤其是 1989 年起增幅持续增大,这也是得益于从 1989 年开始实施的支持共同框架(QCA)以及与之对应的来自欧盟的基金贡献。在欧盟基金的资助下,葡萄牙设立了多年份研发资助计划(O Programa de Financiamento Plurianual de Unidades de I&D),在不同时期分别由 JNICT 与 FCT 进行管理。该计划由两部分组成:一方面,在给予博士研究人员的研究活动经费资助的基础上,将部分资金专门用于开展对科研成果的评估,完善同行评议机制,鼓励科研机构及其人员完成高质量的研究成果;另一方面,建立联合研究实验室,为新毕业的博士研究生提供了更多从事科学研究的机会。FCT 开展的定期评估结果表明,该计划在促进实现葡萄牙的科技政策目标,增强合作能力方面成效显著。

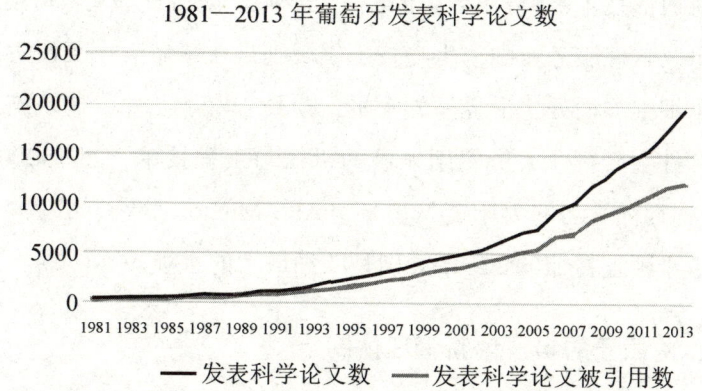

图 9　1981—2013 年葡萄牙发表科学论文数及被引用论文数
资料来源:PORDATA。

---

① 林娴岚:《欧盟区域政策对葡萄牙国家科技创新能力的影响》,载《中国科技论坛》,2016 年第 9 期,第 148—154 页。

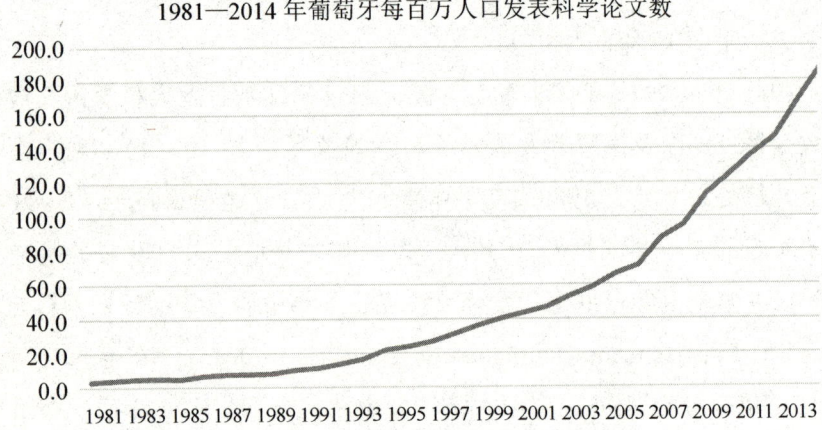

图10　1981—2014年葡萄牙每百万人口发表科学论文数

资料来源：PORDATA。

近年来，葡萄牙的科技创新绩效显著，逐渐积累形成了自身的优势领域，包括：信息通信技术、生物技术、机械与工程、新能源等。其中，信息通信技术被广泛运用于电信、金融、防务、教育、电子采购、移动通讯及软件服务业中；生物技术领域则是在癌症治疗及预防以及再生医学干细胞方面处于世界领先水平；模具、电子元件、建筑施工以及汽车零部件生产行业大量使用先进的机械与工程技术；建于2007年的Serpa是葡萄牙著名的太阳能发电厂；Alto Minho是欧洲第六大岸上风力场；位于阿连特茹的Algueva则是欧洲最大的水坝。[①]

二、葡萄牙的科技创新管理体制

加入欧共体/欧盟以前，葡萄牙的国家科技创新能力十分薄弱，没有形成系统的科技创新管理体制。虽然在20世纪70年代中期到80年代中

[①] 根据葡萄牙驻华使馆科技处官员Maria de Jesus Espada提供的资料整理，访谈时间：2016年9月。

期，当时主管科技的葡萄牙教育部通过派遣留学生的方式，鼓励葡萄牙青年出国进修，培养了一批具有海外博士学位的科研人才，这些人才归国后通过自身努力试图改善葡萄牙落后的科研现状，但毕竟力量有限，葡萄牙仍然无法摆脱国内科研基础薄弱与科研设施等条件匮乏的窘境。

1986 年，葡萄牙加入欧共体/欧盟后，情况开始发生变化，各主要政府部门开始注重为科学研究创造条件打下基础。例如，当时的葡萄牙工业部加强了科研基础设施建设，牵头组建了一批新的研究中心与国家实验室；而教育部则主要是通过提供经费资助的方式支持葡萄牙的高校开展研究工作。在国家层面，葡萄牙启动了名为"科学"的国家计划，旨在鼓励研究队伍中的新生力量，为新建的科研基础设施、新申请的研究项目以及这些项目以及相关的科研人员颁发奖励资金。此外，葡萄牙国内高校的博士、博士后也开始享受到更多的奖学金资助。这些举措吸引了更多的葡国青年选择从事科学研究工作。

1995 年，葡萄牙在原科学技术国务秘书处的基础上成立了科学技术部，与其他部委平级，专门负责科技创新事务。被提名担任首任科学技术部部长的是实验高能物理学家若泽·马里亚诺·加戈（José Mariano Gago）。在担任部长之前，他曾是里斯本科技大学的物理学教授，也曾在欧洲粒子物理研究所任研究员，从事科研工作。1995 年起，加戈两度担任葡萄牙政府的部长职务，分别主管科学技术（1995 年至 2002 年间）以及信息社会与高等教育（2005 年至 2011 年间）事务。加戈曾以管理者或科技政策顾问的身份活跃于欧洲乃至世界范围内的多个国际科技合作组织，如曾主持欧洲科学计划（Initiative for Science in Europe，简称 ISE）、主导推动了欧洲研究理事会的创建，也曾担任国际风险管理委员会（IRGC）的首任主席兼理事长等职务。

在葡萄牙国家科技创新管理体制中，加戈是一个极为重要的人物，在他担任科技部长期间，运用许多欧洲乃至世界范围内先进的科技管理理念，在葡萄牙推行了大刀阔斧的改革措施，开启了葡萄牙国家科技创新体系建设的进程。在加戈担任部长期间，葡萄牙的科技创新体系日渐完善，与欧洲其他国家之间在管理体制方面的发展差距明显缩小。具体措施包括，启动了三项科研与创新管理计划，分别是：研究中心财政支持计划、青年研究人员与科学家的奖学金计划以及面向整个葡萄牙乃至国际社会的科研项目财政支持计划。

在此基础上经过20年的发展，如今葡萄牙已形成了较为完善的国家研发与创新治理体系。《欧盟联合研究中心（JRC）科技政策报告——葡萄牙2014》[①]中绘制了葡萄牙的研发与创新治理体系图（图11）。

从图11可以看出，葡萄牙的研发与创新治理体系包括三个层级。最上方是政治决策层，包括总理办公室，主要负责开展科技创新活动的教育与科学部，为科技创新提供经费支持与就业服务的经济与就业部，以及同样拥有研发预算配置权的其他部委，包括：农业部、卫生部、环境部、外交与国防部等；中间是运作层，或称作计划管理层，包括具体负责管理政府所拨付研发资金的项目运行管理机构与相关评估机构；最下方是实际执行层，主要指具体从事研发活动的高校及科研院所、政府管理的实验室、企业以及非盈利性科研组织等，这些执行机构同样可以为政治决策层提供决策咨询服务。

三、葡萄牙的欧洲化与引领未来发展的科技创新能力

通过上文对葡萄牙科技创新投入及产出情况的梳理，以及对葡萄牙科技创新管理体制的分析，可以判断，加入欧共体/欧盟后葡萄牙的科

---

① JRC Science and Policy Report, *RIO Country Report*, *Portugal* 2014, p.2.

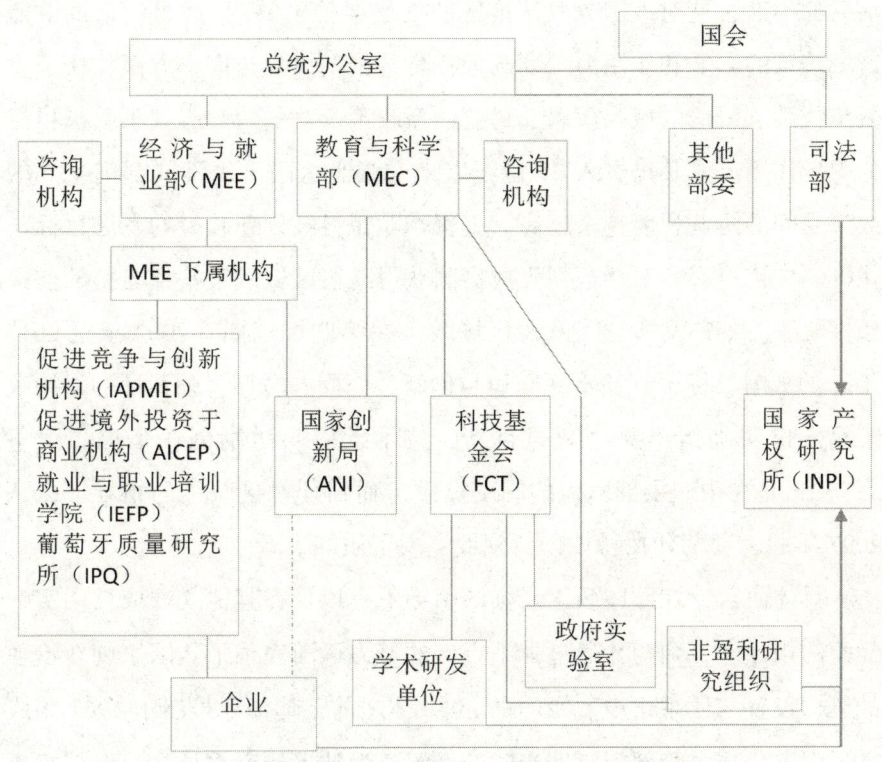

图 11　葡萄牙的研发与创新治理体系①

技创新能力得到了显著提升,这与该国欧洲化的进程关系密切。具体而言,在欧洲化过程中,葡萄牙通过与欧盟在如下两个方面的互动实现了科技创新能力的提升。

(一) 政策引导

加入欧共体后,葡萄牙修订了第 91/88 号法令。根据该法令,葡萄牙第一次开始制定为期十年的中长期发展规划,并首次确定了区域科技

---

①　林娴岚:《欧盟区域政策对葡萄牙国家科技创新能力的影响》,载《中国科技论坛》,2016 年第 9 期,第 148—154 页。参照 JRC Science and Policy Report, *RIO Country Report*, *Portugal* 2014: 2.的内容绘制,时间为 2014 年 10 月。

活动的标准,这对该国欠发达地区的发展至关重要。① 此外,借助欧盟区域政策的影响和作用力,葡萄牙在科技创新投入与产出方面加快了发展步伐。欧盟的区域政策以及科技创新政策都对葡萄牙起到了政策目标的引导作用。尤其是进入 21 世纪以来,欧盟这两个由不同部门主导的政策之间的协调程度越来越高,是否与欧盟科技创新政策的发展目标与优先领域进行有效对接被列为成员国获得欧盟区域政策基金支持的前提条件之一。如前文所述,欧盟区域政策在第四规划期(2007 年至 2013 年)的战略目标中开始重视知识与创新,而同一时期,葡萄牙的对接政策目标也明确指出要"通过创新、技术发展与激励创业来提高竞争力"。正是在中观层面欧盟的制度安排与葡萄牙对接政策的指导下,从 2007 年起,葡萄牙在科技创新领域实现了质的飞跃。

具体而言,在欧盟政策目标的引导下,以及在其他欧洲成员国实践经验的指导下,葡萄牙通过如下方面的努力逐渐完善了其国家创新治理的机构设置与体系建设。"在加入欧共体之前,葡萄牙虽然于 1967 年成立了国家科技主管部门,即当时的全国科学技术研究委员会,但其主要任务是借助科技手段解决国内基础设施建设问题,葡萄牙当时并没形成有持续性的宏观政策目标也没有科技发展规划纲要。1986 年加入欧共体后,在欧共体宏观政策的影响下,葡萄牙开始将科技政策与经济政策与市场需求结合起来,开始制定并不断调整完善其宏观科技政策纲要,同时加强隶属于不同部门的科技研发机构之间的联系与合作,借助欧洲的平台加强国际科技合作。再如,葡萄牙曾经一直缺乏中央政府部门在科技创新领域的政策协调,且在科研成果产业化方面表现较弱。但从 2014 年新的研发与创新治理体系结构图中可以看出,葡萄牙已经开始

---

① Manuel Duarte Laranja, *Uma Nova Política de Inovação em Portugal: A Justificação, O Modelo e Os Instrumentos*, Coimbra: Edições Almedina, 2007, p.132.

着手弥补上述缺陷。新成立的国家创新局（ANI）是由经济与就业部和教育与科学部在平均分配的基础上共同出资成立的，其重要任务是促进研究机构与企业之间的合作，并促进国家科学研究的产业化。"[1] 葡萄牙对 JNICT 的机构职能也进行了调整，该机构成立初期，主要是给国家科技活动拨付经费的资助机构，葡萄牙加入欧共体后，该机构职能得以扩展，变成负责规划、协调和评估葡萄牙科技体系的机构，并拥有更大的灵活性与更多的自主权。葡萄牙在确定该国不同领域研发项目资助目标时，也与欧共体/欧盟的研究与技术发展框架计划中所设定的目标充分保持一致。

（二）资金支持

首先，从前文的总结梳理中可以看出，欧盟区域政策对葡萄牙提供的经费支持不断增加，这在很大程度上帮助葡萄牙改善了促进经济增长与提高国民生活水平的基础条件。除了来自欧盟区域政策中各类基金的直接投入外，欧盟还通过研究与技术开发框架计划等渠道在具体的研发活动中对葡萄牙持续提供经费上的支持和业务上的指导与帮助，也包括吸纳诸多葡萄牙的科研机构与人员加入到框架计划的项目实施过程中。以欧盟第六框架计划为例，葡萄牙共有 1202 名人员参与到 851 个项目中，总计获得 2.66 亿欧元的项目资助；在第七框架计划实施期间，葡萄牙又有 2222 名人员参与到 1692 个项目中，共计获得 5.26 亿欧元的项目资助。[2]

其次，欧盟区域政策不断优化其各类基金的配置和用途，自 2007 年来，欧盟区域政策与葡萄牙的对接政策都将科技创新纳为其支持的重

---

[1] 林娴岚：《欧盟区域政策对葡萄牙国家科技创新能力的影响》，载《中国科技论坛》，2016 年第 9 期，第 148—154 页。

[2] JRC Science and Policy Report, *RIO Country Report*, Portugal 2014, p.13.

点领域,这有助于促进葡萄牙提升科技创新的活力。2000年至2006年间第三规划期内,欧盟结构基金对葡萄牙研发与创新活动的支持经费仅为1.36亿欧元,到2007年至2013年的第四规划期内则已增至3.54亿欧元,是前一阶段的2.6倍。这些经费不仅用于科技创新活动本身,还用于对与之相关的人才培养,例如设立了葡萄牙青年科学家培养计划等。① 此外,从前文对葡萄牙科技投入与产出的历史比较分析中也可以看出,葡萄牙科技投入与产出的各项指标实现质的飞跃的关键拐点都在2007年,而这一年正是欧盟区域政策第四规划期的起始年,也是各项政策目标全面转向提升葡萄牙科技创新能力的开局之年。1986到2006这20年间,葡萄牙研发投入占国内生产总值的比重从0.2%增至0.7%,而仅在2007到2008这1年时间内就从0.7%跃升至0.9%。再如,从1990至2007年,葡萄牙国内发明专利申请数17年的增幅为107%,而从2007至2014,这7年的增幅已达到164%。②

最后,欧盟区域政策的经费投入有效带动了葡萄牙国内各机构的配套经费投入,这有助于葡萄牙今后逐步转向依靠自身的科技创新力量来驱动国家的长远发展,而不再是被动依靠来自外界的援助力量。葡萄牙科技基金会是葡萄牙竞争性科研项目的主要经费管理机构之一。2009年至2013年期间,欧盟结构基金平均每年投入6500万欧元、聚合基金平均每年投入4300万欧元,均用于支持葡萄牙科技基金会组织开展科技创新的研发活动。然而这些只是葡萄牙科技基金会所管理研发经费的很小一部,其他的大多数经费都是来自葡萄牙国内的配套性财政投入。该基金会每年约向全社会发放4亿欧元的科研经费,约占葡萄牙在科技

---

① JRC Science and Policy Report, *RIO Country Report*, *Portugal* 2014, p.13.
② 林娴岚:《欧盟区域政策对葡萄牙国家科技创新能力的影响》,载《中国科技论坛》,2016年第9期,第148—154页。

创新领域公共财政总预算的30%。以2015年的数据为例,葡萄牙科技基金会的总预算为4.68亿欧元,其中3亿欧元来自葡萄牙政府,1亿欧元来自欧盟,余下部分则来自其他渠道。[①]

---

① Founding for Science and Technology Portugal, Establishing Portugal as a Global Reference for Research and Innovation (Report).

第五章　葡萄牙人如何评价欧洲化对其国家能力的影响

一、现有问卷调查的不足之处

除了文献分析外，来自经验的总结同样是了解和判断一个国家发展及国家能力变化的重要渠道之一。"欧洲晴雨表调查"一直是欧盟委员会专门从事舆情分析的网站，自 1973 年以来，欧盟委员会一直在监测成员国的舆论变化，通过对成员国国民开展民意测验的方式，调查和研究有关欧洲发展的主要议题，包括民主制度、欧盟的扩大、社会形势变化、卫生、文化、信息技术、环境、欧元、国防等各个领域。

然而，纵观过去 40 年来欧洲晴雨表所开展的民意调查，主要是为了反映包括葡萄牙在内的欧盟成员国对欧盟以及欧洲一体化态度的演变，并不足以反映葡萄牙国家能力的变化。首先，欧洲晴雨表调查的出发点是以欧盟为中心的，不同成员国的国民只是被视为不同区域内的欧洲公民，最终落脚点是关注欧洲公民对欧盟面临的挑战以及对欧盟前景所持有的态度。其次，在少数针对国别发展的调查中，例如，"您认为所在国家加入欧共体/欧盟是一件好事还是一件坏事"、"总体而言，您所在国家是否从欧盟成员国身份中获益"、"您是否对所在国家的民主感到满意"、"您认为所在国家所面临的最主要的问题是哪几项"等，

第五章 葡萄牙人如何评价欧洲化对其国家能力的影响

虽然可以反映包括葡萄牙在内的成员国国民态度变化的趋势，但由于这些问卷分析的选项都是简单的客观选择题，没有主观分析题，所以也很难深层次地反映国民对待这些问题的认识度。

如前文所述，葡萄牙并非一个热衷于开展民意测验的国家。近年来，葡萄牙企业家创新协会（COTEC）针对创新议题在葡萄牙境内开展了访谈式年度调查（2010年至2016年）。其优势是以主观问答的方式深度采集了葡萄牙民众对该国创新发展的看法。但劣势在于，其一，调查对象大多是在葡萄牙有一定知名度的，或者在其所在领域取得了一定成就的所谓精英阶层；其二，针对每一位调查对象所提出的问题并不相同，这不利于开展观点之间的横向比较；其三，调查内容仅局限于葡萄牙本国的创新及其发展走势，并不涉及其他可以反映国家能力变化的领域，也不专门涉及葡萄牙欧洲化的作用或影响。

二、本研究的访谈设计及访谈结果分析

鉴于此，为了更好地了解现实生活中葡萄牙民众如何看待葡萄牙的欧洲化及其影响，本研究专门开展了一次远程访谈式的调查，通过电子邮件的渠道向一部分年龄在20岁以上、80岁以下的葡萄牙成年公民发放了问卷，题目为："如果没有欧共体/欧盟，或者如果葡萄牙没有加入欧共体/欧盟，您认为葡萄牙发展能力将会怎样？"请从如下四个方面详细作答：（1）政治；（2）经济；（3）社会；（4）科技创新。

共计回收有效答卷38份。其中男性受访者21人，女性受访者17人（图12）。年龄分布为：21—30岁的2人，31—40岁的7人，41—50岁的8人，51—60岁的8人，61—70岁的9人，71—80岁的4人（图13）。大部分受访者年龄集中在31岁至70岁间，这些人都亲身经历了加入欧共体/欧盟三十年来葡萄牙发展的全过程，可以做出较为直观的评价。从职业分布来看，大部分受访者为教师，尤其是高校教师居

多，也包括医护人员、行政人员、法律人士、商业人士、科研人员、艺术家和媒体工作者等其他职业的受访人群。

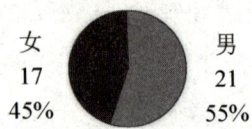

图 12　受访人数

虽然本访谈调查的样本量并不大，但比较均匀地覆盖了葡萄牙不同年龄段的人群。而且，采用主观问答的形式，也更有利于较为全面地反映葡萄牙民众如何评估葡萄牙的国家能力，以及如何评价欧洲化对其国家能力所产生的影响。此外，本访谈调查所采取的是反向论证的研究方法。反向论证的作用在于，更能突显自变量与因变量之间的关系。因此，让葡萄牙欧洲化的亲身经历们设想如果不存在欧共体/欧盟，或者如果葡萄牙没有加入该组织，其国家能力将会朝着什么样的方向发展，将有助于丰富我们的认识，更加全面地分析与评价欧洲化对葡萄牙国家能力的影响。

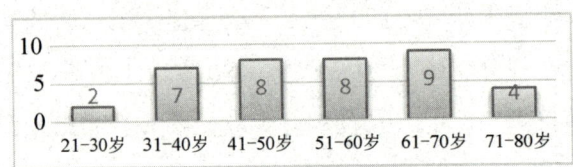

图 13　不同年龄组受访人数

通过对所回收的有效答卷进行翻译和详细梳理（参见附表）可以发现，许多葡萄牙人尽管在总体判断，以及政治、经济、社会、科技创新各方面的判断基本一致，但具体到加入欧共体/欧盟究竟对葡萄牙的国家能力产生了哪些影响，以及影响的方式与结果，受访者的回答却存在很大的差异性。

从受访者总体评价的观点来划分（图14），其中74%的受访者认为如果不存在欧共体/欧盟或者如果葡萄牙没有加入欧共体/欧盟，葡萄牙的国家发展能力从总体上看将会比现在更弱，也就是认为欧共体/欧盟对葡萄牙国家能力的提升起到了正向作用，可以用符号"+"来表示；有8%的受访者认为如果不存在欧共体/欧盟或者如果葡萄牙没有加入欧共体/欧盟，葡萄牙的国家发展能力从总体上看将会比现在更强，也就是认为欧共体/欧盟对葡萄牙国家能力的提升起到了反向作用，可以用符号"-"来表示；另有18%的受访者认为，如果不存在欧共体/欧盟或者如果葡萄牙没有加入欧共体/欧盟，葡萄牙的国家发展能力从总体上看将不会有太大变化，也就是认为欧共体/欧盟与葡萄牙国家能力的提升之间并不具有必然的联系，对其产生的影响不好也不坏，可以用符号"0"来表示。

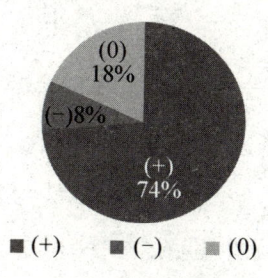

图 14　总体评价分布

从政治方面看（图15），53%的受访者认为欧共体/欧盟对葡萄牙国家能力的提升起到了正向的促进作用（+）；13%的受访者认为欧共体/欧盟对葡萄牙国家能力的提升起到了反向的削弱作用（-）；34%的受访者则认为两者之间的相关性不大（0）。进一步梳理受访者的具体观点，支持者主要认为，加入欧共体/欧盟，巩固了葡萄牙的多元民主政治制度，国内政治变得更加稳定、更趋成熟，在外交方面同样有明显受益。反对者则主要认为，葡萄牙的政治受到了国外利益集团的干涉，决策自主权受到了限制。

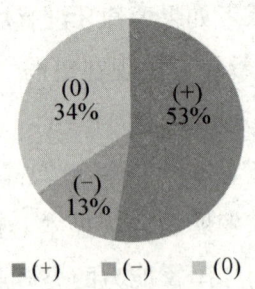

图 15　政治方面评价分布

从经济方面看（图 16），50%的受访者认为欧共体/欧盟对葡萄牙国家能力的提升起到了正向的促进作用（+）；21%的受访者认为欧共体/欧盟对葡萄牙国家能力的提升起到了反向的削弱作用（-）；29%的受访者则认为两者之间的相关性不大（0）。进一步梳理受访者的具体观点，支持者主要认为，加入欧共体/欧盟后，尤其是受益于欧盟结构基金与聚合基金的支持，葡萄牙的基础设施建设得到了显著提升，市场更加开放，经济活动更趋于专业化，经济结构得到了调整和优化，经济实现了增长。反对者则主要认为，加入欧共体/欧盟后使得葡萄牙经济的外部依赖性更强，并使得本国的传统产业遭到冲击；虽然得到了来自欧盟基金的资助，但很多基金都使用不当；加入欧元区后的弊端尤其明显，导致了葡萄牙的购买力下降，经济发展整体水平下降。

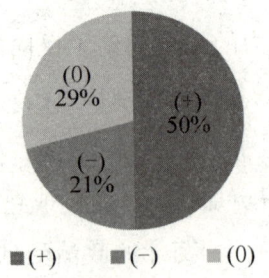

图 16　经济方面评价分布

从社会方面看（图17），71%的受访者认为欧共体/欧盟对葡萄牙国家能力的提升起到了正向的促进作用（+）；11%的受访者认为欧共体/欧盟对葡萄牙国家能力的提升起到了反向的削弱作用（-）；18%的受访者则认为两者之间的相关性不大（0）。进一步梳理受访者的具体观点，支持者主要认为，加入欧共体/欧盟，促进了葡萄牙的社会公平，提高了社会的开放度和包容度，增强了不同阶层之间的流动性，缩小了贫富差距，缓解了社会矛盾，加强了葡萄牙社会与国际社会之间的融合（尤其是在构建欧洲共同体身份方面），有助于更好地捍卫人权。反对者则主要认为，加入欧共体/欧盟后使得社会没有以前那么统一，那么具有多样性，某些社会基本价值在丧失，而社会问题更加凸显。

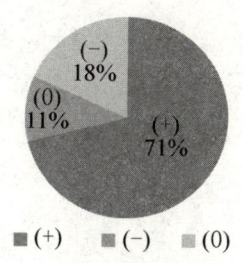

图 17　社会方面评价分布

从科技创新方面看（图18），84%的受访者认为欧共体/欧盟对葡萄牙国家能力的提升起到了正向的促进作用（+）；3%的受访者认为

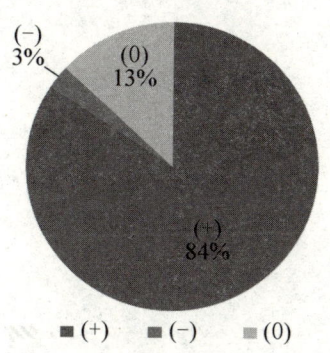

图 18　科技创新方面评价分布

欧共体/欧盟对葡萄牙国家能力的提升起到了反向的削弱作用（-）；13%的受访者则认为两者之间的相关性不大（0）。该领域葡萄牙受访者的观点最为统一，绝大多数人认为，加入欧共体/欧盟后无论是葡萄牙自身的科技创新能力与水平还是科技创新的国际化程度均得到了显著提升。只有极个别人认为加入欧盟以来，葡萄牙在科技创新领域所取得的成绩低于预期水平，科研投入的公正性不够，科技产出的质量较低。

结 论

对案例研究的总结

通过本书第二至四章基于文献的分析可以得出如下结论：从基础性的政治制度及其影响看，葡萄牙的欧洲化导致其宏观制度结构发生了变化，主要体现在国内政治制度、政权结构以及主要政治阶层所关注的核心问题等方面。一个国家的宏观制度结构与其国内政治的稳定性密切相关。葡萄牙通过不断与欧盟之间在政治制度层面开展互动，逐渐确立并完善了本国的多元民主制度。而这一基本的政治制度又对葡萄牙国内政治的政治秩序产生了诸多深层次的影响。通过对葡萄牙国内政权更迭以及国内不同阶层对待欧洲化态度的分析，并结合葡萄牙最近一年来经历两场政治风波的案例研究，可以判断葡萄牙的欧洲化整体上促进提升了该国维护政治稳定的能力。

从具体领域的制度安排与政策措施及其影响看，欧盟区域政策合集中不同类别的具体政策工具（如各类基金）对葡萄牙的国家治理能力产生了影响。在经济发展方面，葡萄牙已经深度融入到整个欧洲一体化进程之中，欧盟的区域政策、统一货币政策以及危机时期的特别援助政策都对葡萄牙的经济产生了深刻影响。欧盟的各类政策措施虽然从整体上有助于葡萄牙提高经济发展水平，促使其在短时间内完成了其他欧洲国家大约需要半个世纪才得以实现的现代化进程；但是，这些政策并没有从真正意义上帮助葡萄牙提升促进经济发展的国家能力，或者说是葡萄牙并没有很好地利用欧盟的政策措施来提高自身促进经济发展的能力。在社会治理方面，加入欧共体/欧盟30年来，葡萄牙在城市化建设、就业、社会财富积累、社会中产阶级的成长与壮大、社会保障、教育、医疗健康、道路交通与信息化建设以及环境保护与可持续发展等社会生活的各个方面都实现了较大的突破，葡萄牙的欧洲化切实促进提升了该国优化社会治理的能力。在科技创新方面，受益于欧盟区域政策与欧盟科技创新政策的双重影响，葡萄牙在欧洲化进程中不断获得来自欧共体/欧盟的政策引导与资金支持，葡萄牙的国家科技创新能力得到了显著提升。

第五章基于访谈的实证研究与本书第二至四章基于文献的分析所得出的结论与判断基本一致。鉴于此，全文可以得出如下结论：葡萄牙的欧洲化进程从整体上促进了该国国家能力的提升。首先，葡萄牙的欧洲化促进其提高了基础性的国家能力，即维护国内政治稳定的能力；其次，欧洲化也促进葡萄牙提高了在经济与社会等方面的治理能力以及引领未来发展的科技创新能力。如进一步细分葡萄牙的欧洲化对不同层面的国家综合治理能力所产生的影响，其结论为：在提升葡萄牙促进经济发展能力方面，欧洲化的作用有限，但在优化社会治理的能力以及引领未来发展的科技创新能力方面，欧洲化确实发挥了较为显著的作用。

具体而言，葡萄牙在欧洲化的进程中不断适应欧盟的制度安排，在欧盟制度与政策的渗透下，通过改变葡萄牙国内的制度安排，从而作用于葡萄牙在各个领域具体政策措施的选择、制定与实施，进而影响了该

结　论

国的国家能力。

　　葡萄牙在加入欧洲的实体性组织、参与欧洲一体化的过程中，首先应对来自欧共体的门槛性要求，调整了本国的民主政治制度，进而提高了葡萄牙以政府为中心的基础性政治能力。葡萄牙政治制度的变迁反过来也加速了其欧洲化进程。最终被欧共体接纳成为其中一员之后，葡萄牙政府凭借前期积累的基础性能力，即维护国内政治稳定的能力，利用欧盟区域发展政策中对葡萄牙的倾斜性制度安排，对应调适本国的经济治理与社会发展政策，让本国的政治、经济与社会发展逐渐趋向平衡。与此同时，葡萄牙等国的加入，也使得欧盟的制度安排发生了变化，为了实现欧洲不同地区间的平衡发展，欧盟的政策也逐渐朝向欠发达国家倾斜。因此，葡萄牙可以借助欧盟政策倾斜的外力，加快国内政治、经济、社会、科技创新等各领域发展的速度，并不断提升国家现阶段经济发展与社会治理的能力以及引领未来的科技创新能力。葡萄牙国家能力的提升过程如图19所示。

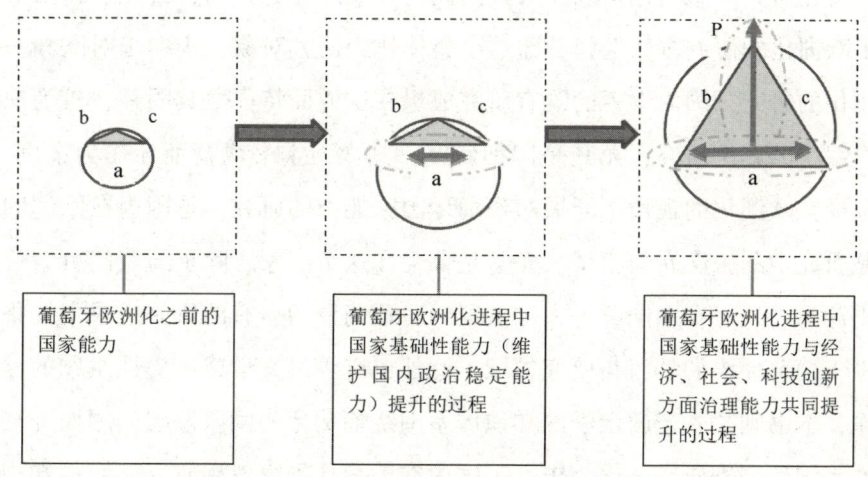

图19　欧洲化影响下葡萄牙国家能力的提升过程

本研究的价值

在研究路径与方法的选择方面,国际关系和比较政治学者共同关注国际—国内互动问题,从因果关系来看,即为国内政治对国际政治的影响与国际政治对国内政治的影响。整体而言,国内外学界对前者的研究较多,而对后者的知识积累相对较少。本书选取了国际关系与比较政治学科相结合的路径,以案例分析的形式丰富了在"颠倒的第二意象"研究议程倡导之下将国际关系作为自变量进而对国内政治作为因变量所开展的研究。本书选取葡萄牙欧洲化进程中,欧盟的制度安排对葡萄牙国家能力的影响作为切入点,实际上是分析了动态变化国际制度如何影响国内政治,并用历史制度主义的研究方法将演进中的国际制度与国内政治两个不同纬度的分析对象有机联结起来。

在研究对象的选择以及对其内涵与外延的界定方面,首先,目前关于欧洲化的研究多数选择欧盟这个整体作为研究对象,集中于对欧洲一体化的研究,国内学者的既有研究成果在这方面特征尤其明显,较为缺乏系统的案例研究,尤其是国别研究。其次,本书以葡萄牙作为案例,选择在欧洲化的视角下开展对葡萄牙国家能力的研究,是国内在欧洲问题研究中的一次崭新尝试。尤其是葡萄牙这个国家,除了与澳门有着历史渊源之外,在中国鲜为人知。国内对葡萄牙的少有的研究成果主要集中于葡萄牙语的学习与研究领域,此外也有少量文学或历史性主题的译作,本书则是基于政治学的知识体系围绕葡萄牙的国家发展问题而开展的系统性国别研究之作,丰富了国内在葡萄牙国家发展研究领域的知识积累,也为丰富国际问题研究中的国别研究做出了一定的贡献。最后,关于国家能力这一研究对象的选择与界定,本书的创新之处在于,在前人研究基础之上进一步界定了国家能力的内涵与外延，将国家治理能力纳为国家能力的重要组成部分，并提出在分析国家能力的过程中需要重视国际因素对国内结构的影响与作用。这对于中国思考如何推进国家治理体系和治理能力现代化建设，尤其是在如何借助国际制度的力量来提高自身的国家治理能力方面，也具有一定的启示与借鉴意义。

未来进一步研究的方向

本研究除体现出上述学术价值之外，也存在一些不足之处。清晰认识这些不足之处，有助于确定未来进一步研究的方向。

首先，本研究相对缺乏葡萄牙加入欧共体/欧盟之后如何影响欧盟层面制度的分析。其主要原因是，为了让全文的逻辑性更加简洁、清晰，本研究在行文之初对欧洲化进行概念界定时，就已经明确了全文将聚焦于欧盟层面对成员国内部制度的影响（即自上而下的影响）。然而，不可否认，欧洲化确实是一个双向的进程，它介于欧盟与成员国两个层次之间，包含了自上而下与自下而上的共同压力。正如凯文·费瑟斯所总结的，欧洲化可以同时指代欧盟层面的制度化（即成员国对欧盟制度自下而上的影响）、国家之间的跨国主义以及欧盟层面对成员国内部制度的影响（即自上而下的影响）。虽然葡萄牙只是一个位居欧洲边缘的小国家，但它的加入以及它日益深度地参与欧洲一体化，同样给欧盟的制度安排带去了不容忽视的影响，这些影响又会反过来进一步影响到葡萄牙的国内政策。例如，欧洲区域政策的实施正是在以葡萄牙为代表的几个南欧国家加入欧共体之后开始实施的，目的是缩小这些新加入成员国与老牌欧洲强国之间综合实力的差距。因此，未来有必要进一步深化研究葡萄牙对欧盟所产生的自下而上的影响。

其次，本研究在采用历史制度主义研究方法进行分析与论证的过程中，主要关注正式制度，但相对缺乏对非正式制度（如文化等因素）的分析，因而在读者面前所呈现出的葡萄牙全景还不够立体和饱满。葡萄牙是一个独特的国家，其独特之处不仅体现在国家发展之道上，更蕴含于其文化背景之中，并且葡萄牙国家发展路径的选择也与民族文化在其背后所发挥的潜移默化的影响力与渗透力息息相关。葡萄牙的欧洲化同样引发了国家文化的变迁，年轻一代葡萄牙人与老一代葡萄牙人对欧盟以及欧洲一体化的认识大不相同。例如，葡萄牙诺贝尔文学奖得主若泽·萨拉马戈（José Saramago）曾在其小说《石筏》（*A Jangada de Pedra*）中表现出当时许多葡萄牙人对伊比利亚文化的坚守与对欧洲的抗拒之情；而如今的葡萄牙青年则积极参加欧盟的各类交流项目，热衷于在交互式学习的过程中领略不同欧洲国家的文化。下一步可增添专门的章节来丰富对葡萄牙的欧洲化与葡萄牙文化发展的研究。

最后，本书主要是基于文献的研究，尽管这些文献中有大量的葡语资料，但除了葡萄牙官方网站上公布的客观数据外，其他类别的文献资料中有很大一部分也属于前人研究的成果，在引用这些资料进行分析的过程中难免会受到他人观点的影响。然而，若要更加全面、客观并且直观地考察一个国家的国家能力，还需要多开展更加深入的实地调研，尤其是需要寻找机会与一线的政策制定者、政策执行者进行面对面的访谈，这样才能获取更多以及更加高质量的一手资料。

附 表

葡萄牙人评价欧洲化对其国家能力影响的具体观点

提问：如果没有欧共体/欧盟，或者如果葡萄牙没有加入欧共体/欧盟，您认为葡萄牙发展能力将会怎样？请从如下四个方面详细作答：(1) 政治；(2) 经济；(3) 社会；(4) 科技创新。

回答	总体评价	政治方面评价	经济方面评价	社会方面评价	科技创新方面评价
1	尽管加入欧盟后也带来一些弊端，但是，葡萄牙近几十年的发展应该不会有这么快。	葡萄牙加入欧盟后对其政治发展有贡献，但在我看来，对于促进葡萄牙发展的作用似乎并不明显。	欧盟补贴促进了经济发展，但是，欧洲一些政策也伤害了非常重要的葡萄牙经济部门，如渔业和农业。	与欧洲其他社会的文化接触更加紧密，尤其是社会与教育方面，可以向其他文化学习，并与其他欧洲国家合作。但是，缺陷在于对本国家庭与婚姻传统观念的破坏。	欧盟为博士后提供的奖学金以及研究资助计划对于葡萄牙科技迅速发展起到了推动作用，ERASMUS 计划也极大地鼓舞了葡萄牙的科学发展并让了个年轻人受益，促进了个人与整个社会的发展。

· 135 ·

（续表）

2	在很多方面我们都受益于加入欧盟，但是在最近一段时间葡萄牙也在遭遇时间不利的影响，主要源于更有利于德国强劲经济发展的预算政策。	政治方面，巩固了我们与其他欧洲国家之间的合作。	在基础设施建设方面受益匪浅。	社会方面，起初出现过重要的改革。	受益于与欧洲的合作。
3	如果没加入欧盟，葡萄牙将无法消除关税与价格壁垒，无法进入更广阔的欧洲内部市场，也无法在生产、区域产业、国家层面采取更加动态以及可持续性的政策与行动，没有欧洲结构基金支持下的葡萄牙科技和科技领域的政治、社会、经济长期改革与进步。	如果没有欧盟的实施以及政策出现变化特征，随之而来的是经济发展上的落后。	如果没有欧盟，可能永远没有货币政策与汇率政策的改变，葡萄牙会一直受外部环境的束缚。如此快速地对欧洲以及国际市场开放，这一变化对于我们的经济（专业化生产，以质量为中心的经济活动）而言至关重要。	如果没有欧盟，社会将更加不公平，将缺乏以及催生新的社会阶层以及促进不同职业群体之间自由流动的机会。	如果没有欧盟以及科技创新领域的欧盟基金，我们的发展速度将会更慢，无法借鉴欧洲科技与现代化的葡萄牙相关伙伴，经济现代化促进了葡萄牙的经济发展，也激发了葡萄牙公共与私营部门提升现代化能力的意愿。
4	从不同角度看，如果没有加入欧盟，葡萄牙的发展都将更加缓慢，并呈现劣势，参与到更广阔空间中的重要性对葡萄牙整体而言非常有利。	从政治方面看，由于成为欧盟这个重要国际政治力量中的一员，葡萄牙的重要性得到提升。	经济上广泛受益：不仅是缘自欧洲结构基金的支持，更是因为基金让葡萄牙参与到更广阔的经济活动空间。	随着葡萄牙加入一个没有边界的组织，社会整体上也从中受益。	这一方面的优势更是不容置疑：葡萄牙成为欧洲高等教育以及科学组织中的一部分，并发展得很好。

（续表）

5	全面地看，整体情况会大不如今。但葡萄牙国内存在许多反对该国保持欧盟成员身份的声音。	我认为，与其他国家的合作以及欧洲的安全合作对于葡萄牙而言是有益的。	如果没有加入欧盟，很可能葡萄牙对外出口的产品会更少。	毫无疑问，葡萄牙的生活现实，家庭以及每个人的权利都将无法实现当今这种高效率的发展与进步。
6	随着加入欧盟，葡萄牙发生了结构性的变化，经济与社会显著进步，并明确了自身需要扮演积极合作伙伴的角色。	加入欧盟巩固了葡萄牙的多元化民主政治与公民社会。	加入欧盟是推动葡萄牙经济持续发展的杠杆。	加入欧盟后葡萄牙社会加速现代化，并跟上全球化的步伐。
7		我认为葡萄牙在政治方面没有从欧盟受益，或者只能说受益甚微。	在这方面，由于弃用埃斯库托而改用欧元后，葡萄牙的购买力大幅下降，因此，我们的经济也没有增长或鲜有增长。	如果没有加入欧盟，葡萄牙或许将丧失如今这种在不同国家间流动的自由。
8	更加边缘化； 更加少的发展； 更少的开发； 更少的科研； 更加封闭，缺乏流动性； 生活成本更低； 更多的文盲。	更加缺乏民主； 更少依赖欧盟一线国家（如德国）。	更加边缘化； 更少地吸引外来游客； 更少地受缚于全球化进程，因为它并不总是积极的。	更缺乏观察和感知他人的能力； 更缺乏捍卫人权的能力； 今天，身为葡萄牙人就是身为欧洲人（几乎一向如此），可以在欧洲发出一些声音，尽管较弱。 更少地参与研发项目； 更少地融入国际团队的国际化流动性（欧盟的ERASMUS项目在这方面发挥了很大作用）。

（续表）

9	我认为加入欧盟的存在以及积极意义，都具有如此，但是有更多的问题。	如果没有欧盟或葡萄牙没有加入欧盟，将有其他良好的外交关系，并促进我国之间的合作。相反地，由于葡萄牙在科学和文化素养方面较为欠缺，如果没有加入欧盟或没有加入欧盟，将继续保持这一劣势（政策的制定不是从劳动市场的实际出发，而是直接出自支持政府的年轻政党之手），他们缺乏日常的现实生活中劳动工作的经验。	如果没有加入欧盟，葡萄牙在许多方面可以更自由（可以更多的决策领域由当地决定生产的数量与类型），也更有助于通过"规则"向国内的企业征税，无论是国内的企业还是跨国公司。当然，我们也将不可能吸引这么多的外国投资。	如果没有加入欧盟或葡萄牙，将会在构建欧洲共同身份方面更加孤立，导致我们在货物与人员的流动方面更加受到限制。	如果没有加入欧盟，葡萄牙从研究角度看，我们将没有现在工作模式，这对于大学而言是不可或缺的。
10	如果没有加入欧盟，葡萄牙现在应该是一个大的发达国家。过去这些欧盟的结构基金注入葡萄牙，尤其是在20世纪80至90年代，为葡萄牙的发展打下了基础。	政治上，我不依赖于任何人，我认为许多欧盟葡萄牙的方式如果参照发展民主，应该可以做得更好。	正如之前所说，葡萄牙应该会成为一个更加贫穷的国家。	显然加入欧盟促进了葡萄牙社会的开放。	葡萄牙正在通过与其他国家的密切联系促进知识与创新的共享。

（续表）

11	葡萄牙从加入欧盟中受益颇多，大幅提升了现代化水平。葡萄牙人尤其是年轻人改变了很多，如今的葡萄牙人是世界的公民，在健康、教育、创新等领域处于世界先进地位。	葡萄牙加入欧盟后实现了巨大的经济飞跃，巩固了民主。葡萄牙在法西斯统治下存活了40年，该政权终结于1974年，但直到葡萄牙加入欧盟后，其民主才得以真正建立与发展。	偏见减少，更加包容，更加接受差异性。家庭工作、企业组织、生活、消费、娱乐方式等与刚加入欧共体的那些年相比都发生了显著变化，越来越接近欧洲水平。	当今葡萄牙已成为科技与创新的先驱，葡萄牙的科研人员得到国际科学网络的认可，并寻求参与大型封闭组织的工作。
12	葡萄牙很可能继续落后于其他欧洲国家。	葡萄牙将是一个封闭的国家，不会在欧洲政治舞台上活动，也不会在欧洲政治中心发出任何声音，也将远离所有的政治决策。	在欧元强势存在于欧洲万至世界范围的背景下，葡市埃斯国库不会有存在的可能性。葡萄牙人在国内购买或许没有问题，但却很难购买到欧洲之外的具有价格优势的产品。	与来自不同国家的专家团队共同工作，给葡萄牙带来了加入欧盟前所不可能获取的知识与进步。
		从精神层面看，将持续处在欧洲落后的位置，生活在自己的小世界里，盲目地认为一切都是一样的。从社会层面看，贫富差距将非常大。但如今，无论穷人追求平等的权利，因为他们生活得到平等的机会。如今不再只是富人家的子弟才有机会接受高等教育。			
13	将一切如常，就像那些没有加入欧盟的欧洲国家（如瑞士）。	情况或许会更好，因为没有被强制使用欧元。	不会发生什么变化。	一切如常或情况相似。

（续表）

序号				
14	更加受限制，并更依赖于外国投资。	保持国家稳定的能力将会减弱，但具有良好的外交。	更加缺乏融入国际市场的能力，更加欠发展，但在短时间内会具有竞争力和稳定性。	整个区域的横向发展能力将会更弱。
15	葡萄牙加入欧盟后发生了很多变化。葡萄牙的发展一直以来都围绕着两个超级大都市：里斯本和波尔图。欧盟的基金帮助葡萄牙在全国大范围的修建了令人羡慕的陆路网系统，这使得内陆城市可以获得更多的发展机会。	来自欧盟的指令的影响着葡萄牙的国家政策。	一方面，加入欧盟后，葡萄牙的渔业和农业受到不利影响，因为欧盟用配额制度来调节成员国的经济活动。另一方面，其他产业，如制鞋业、软木制品相关产业、葡萄酒产业等却得到了很好的发展。	社会更加开放，当然也是受全球化普遍影响的结果。ERASMUS 计划给成千上万的葡萄牙学生提供了到其他欧洲国家留学的机会，这有助于促进知识以及科研人员的训练并提升个人价值。以更加灵活和便捷的方式在葡萄牙新建公司或开设许多分支机构，签署了许多合作协议，有助于促进知识以及科研人员的流动。
16	葡萄牙将不可避免地改变。20世纪60年代以来的经济增长节奏，这段时间的工业生产，尤其旅游业对外开放是开始于20世纪60至80年代的发展与进步密切相关。因此，我认为是否存在欧盟都不会有大区别。	民主化与稳定后的政治制度发展成熟，并更加接近于欧盟政治的发展趋势。	欧盟促进了经济的大幅增长，主要是由于结构基金所发挥的作用。然而，在经济发展过程中，基金的申请受到葡萄牙不当使用的控。因为基金被用于非生产性消费，导致进口过度增加，贸易赤字大幅提升。	欧盟内部的一体化贡献了很多信息，让葡萄牙得以与外界信息互通。社会问题将会加剧。非常重要，使葡萄牙得以参与发展网络，与欧盟其他国家发展共同进步同步。

（续表）

17	总的来说，我认为加入欧盟有益，葡萄牙得以加速发展。	政治方面不再那么地激进了。	经济方面，葡萄牙的基础设施变得更有竞争力了，如果成为欧盟成员国的，这是很难做到的。不过，对农业和渔业方面的关注还不够，欧盟在这方面应该采取更加本土化的思考方式。	葡萄牙加入欧盟后的影响是非常积极的，这不仅仅表现在如今葡萄牙人更加为自己身为自己而感到自豪，而且我们加强烈地感受到我们属于一个更大的群体——欧洲。除此之外，我们享受更大的流动自由，不管我们是否在自己的国家都能得到同样的帮助。这意味着，如果葡萄牙没加入欧盟，葡萄牙今天的社会将不会这么开放。	我认为葡萄牙具备发展科技的知识与能力。在这方面，欧盟使得我们更加具有竞争力。
18	我们的生活水平或许会落后于其他国家，但至少不会完全依附于人。	或许将没有这么多的政治腐败。	将没有那么多的公司倒闭，也不需要进口几乎"一切"商品。	或许会更加统一，保护我们自己的身份。	在这方面会有些迟滞。因为我们管优秀的人力资源都被用于"出口"了。
19	在我们所处的全球社会中，葡萄牙将面临更大的困难。	将会有更多的行动自由。	在与大的游说团体斗争的过程中将更加有力。	加入欧盟没有带来变化。	加入欧盟在这方面很大地促进了发展。

（续表）

序号				
20	我们的生活应该是被国内政治那些"鸡毛蒜皮"的问题包围着，感知不到外界共同空间的存在（不管是有利的还是不利的）。	经济增长停滞或疲软无可持续性。欧盟结构基金（尽管经常运用不当）带来新鲜空气，提升了基础设施水平，打下了社会发展的基石。	我们应该只活在今天，思考着明天是否还能够获得薪水。从地理上讲，欧洲只是一个洲，我们是其中的一部分。	我们将继续引进方面的知识，因为肯定没有经费来支持研发与进步。
21	葡萄牙加入欧盟既有积极影响也有消极影响，在初期，积极影响大于消极影响。然而如今，在欧洲领导力实施与政策制定过程中存在着许多结构性缺陷。	如果没有欧盟，在维持民主体制方面将更加不稳定。然而，过多来自欧盟的制度干预也可以使一个国家丧失特性，这一点是很糟糕的。	经济没有发展或是欧洲摧毁本国实体经济的原因，也可能是腐败所导致的。	社会正在丧失一些基本价值，削弱直接利益换取长期目标可以，社会问题越来越凸显。出现了更多的补贴和更少的激励。
22	葡萄牙在20世纪后期取得了良好的发展，这很大程度上要归功于加入了欧盟。然而到21世纪，情况有所变化，欧洲单一货币却成为了葡萄牙发展的障碍。	欧盟的一体化进程在20世纪巩固了葡萄牙的民主制度，但是到21世纪，欧盟的政策却威胁到了民族国家葡萄牙的民主。	在20世纪，葡萄牙实现了发展，但21世纪却导致了发展的停滞。	加入欧盟在20世纪和21世纪都帮助葡萄牙实现了社会的现代化。加入欧盟促进了20世纪科学、技术、创新以及高等教育的国际化。

（续表）

23	葡萄牙于1986年加入当时的欧共体，后来被称为欧盟的组织，是非常自然的举措。自1974年4月25日的军事革命以后，葡萄牙结束了其殖民帝国的历史并开启了葡萄牙的民主化进程，得到了广泛支持。葡萄牙社会的航行至非洲、美洲、亚洲，于5个世纪以后再次回到欧洲这个它在自然地理上所属的大陆，但并没有丧失与其他葡语国家之间的联系，这些联系下建立了葡语国家共同体（CPLP）框架下提升了葡萄牙在欧盟内部的价值，也让葡萄牙不仅是局限于欧洲，而是加强与其他欧洲机构与世界体系没有欧盟，如果没有欧盟，葡萄牙需要加强发展与欧洲国家之间的关系。	从政治角度看，加入欧盟有助于强化葡萄牙的"4·25"革命后创建的民主制度，并开启了与欧盟机构（欧洲委员会）之间新的合作形式。如果没有加入欧盟，葡萄牙还将是一个民主国家，这主要是受"4·25"革命的影响。	从经济角度看，葡萄牙获得了大量的经济支持，用于基础设施的现代化建设，打造了一套完整的道路交通网络。葡萄牙的农业也从欧洲共同农业政策中受益匪浅。此外，单一欧洲市场也促进了葡萄牙劳动力的流动以及贸易的增长，欧洲统一货币（欧元）从整体上促进了葡萄牙的贸易和旅游业的发展与欧洲中央银行联盟的建立反对于葡萄牙的预算制度以及金流通也非常重要。如果没有加入欧盟，葡萄牙的经济发展必然会面临更多的困难。	葡萄牙社会更加开放。葡萄牙取消了与其他申根国家之间的签证，这使得人员往来更加容易，促进了贸易、旅游与劳动力流动。葡萄牙公民加入欧盟，如果没有加入欧盟，葡萄牙的社会或许会更加封闭。	加入欧盟为葡萄牙的科学家们参与欧洲航天科研机构（如欧洲核研究中心局、欧洲核研究中心等）的工作提供了更多的便利。高等教育交流项目，即ERASMUS，加强了不同欧洲高校的学生与教师之间的流动，大力推动了多样性的文化、科学、人文等各类学科的发展，以及语言、科学、意识有助于欧洲公民身份的培养。葡萄牙研究中心缺乏活力，但某些技术领域还是得到发展，如新能源、葡萄牙的先行者，也一个行业国家开展一定会与欧美等国开展学术与科研交流。

· 143 ·

（续表）

24	综合考虑20世纪80年代以来葡萄牙现代化的现状、葡萄牙国际关系体系的发展历程，以及世界经济的演进过程等多方面因素，我认为如果没有欧共体/欧盟，葡萄牙的发展状况将更消极。	如果没有加入欧共体/欧盟，无论是1974年4月25日革命之后建立民主制度还是现行非激进的选举制度都将变得更加困难。多数将过程与欧共体/欧盟的一体化，有助于减少选举相关腐败和裙带关系发生。然而我们没有加入欧共体/欧盟，我会提高对自己的要求。	从经济方面看，加入欧共体/欧盟带来了诸多好处：进入更广阔的市场，有助于采取综合性的与可持续的问题解决方案，以较低的利率获得更多的资金，等等。	近几十年葡萄牙社会的主要问题——社会不平等加剧，缺乏承诺与集体纪律，腐败与裙带关系等——并不是我们加入欧共体/欧盟的后果。	加入欧共体/欧盟让葡萄牙在科技方面获得了未有的决定性的帮助。葡萄牙还能够基于在这方面得到的援助而实现更好的发展。
25	尽管加入欧盟带来了一些困难，但我还是认为，如果没有加入，葡萄牙的发展能力会更弱一些。	国内政治的缺点将会继续存在，其结果是政党的扭曲。另一方面，也将更大的自主性。尽管欧盟还是有益的，但它始终是一个整体，成员之间的相似性或差异性都有助于葡萄牙的政治自觉。	将拥有更大的生产自主权以及通过控制本国货币而实现的经济调控能力。另一方面，也不会有加入欧盟所带来的严酷审查。在经济方面，我对加入欧盟持较大的保留意见。	将不会有我们现在欧洲所拥有的流动性。我们也不可能被纳入促进国家与葡萄牙人在葡萄牙人中间（主要是欧盟内陆人士）不会发展的意识。因此，加入欧盟对欧洲社会方面而言就是积极的。	如果没有加入欧盟，将不会有参与激励性研究项目可能得到的便利。发展能力也不可能得到显著提升，发展与广度都会有所限制。在科技与创新领域，加入欧盟的作用显然也是积极的。

(续表)

26	从政治、经济、社会各方面原因看，葡萄牙加入欧盟是曾经是一个对外非常封闭的国家，几乎在所有领域的发展都落后于欧洲平均水平。如果不是因为加入欧盟，近些年来葡萄牙的发展速度不会有这么快。	加入欧盟让葡萄牙得以巩固其在1974年革命以后开启的民主化进程，终结了导致葡萄牙与国际社会隔绝的数十年的极权统治。	加入欧盟极大地加速了葡萄牙的经济发展，使其从全方位落后于欧洲逐渐复苏发展至非常接近欧洲平均水平。	在长达48年的极右翼独裁统治下，葡萄牙严重与世隔绝，导致社会非常保守。近几十年得到长足发展，很大程度上受益于加入欧盟后变得越来越开放。	科学与技术应该是最受益于加入欧盟的领域。有过将该领域基金用于欧洲聚合有效渠道，产生了非常积极的影响。在创新方面，近几年来呈现出显著发展，也正是近几十年来葡萄牙科学技术取得较大进步的结果。我感觉在短期内，创新领域还会出现大幅发展。
27	如果没有欧盟或者没有加入欧盟，葡萄牙将是一个欧洲最大的自我发展的国家。我们拥有实现自我发展的条件：以及旅游业、农业、采矿业、农业、制造业等等。欧盟终将有一天会终结，因为它不是一个可以让所有国家享受到包容和平等的组织。	政治应该会更加健康，不掺杂欧盟的政治与经济利益。只有葡萄牙国内的利益集团。	国家经济应该发展得更好，并大幅提升生活水平，国民的葡萄牙充分拥有自己的发展必备条件：用于捕鱼业的海域，农业，制造业等。	社会发展整体来说应该会更好。	葡萄牙应该一直都保持着科技与创新的兴趣。

· 145 ·

（续表）

28	如果没有加入欧盟，葡萄牙会是一个非常边缘化的国家，并且从短期来看没有改变状态的可能性。	很可能不会有民主。	商业贸易与国民生活水平都会很低。	葡萄牙仍将是一个非常分裂的社会，贫富差距会比当今要大很多。	如果没有加入欧盟，葡萄牙将不可能加入欧洲那些大型的知识生产中心。
29	如果没有加入欧元区，葡萄牙作为一个小国家，在欧洲国际社会的影响力和参与度显然会小很多。但我认为，2001年加入欧元区是一个草率的决定，因为葡萄牙的经济无法达到欧盟的标准。这一举措导致葡萄牙与西班牙也同样失去货币政策上的主导权，并导致出现财政赤字。	加入欧盟巩固了葡萄牙的民主。	加入欧盟促进我们提升了基础设施的现代化，但如果基金能够更好的运用，结果会使得更多。在基金使用方面存在着严重缺陷，葡萄牙政府没有能够很好地利用之。	葡萄牙社会向欧洲开放让年轻人以及劳动者可以得到更多的文化交流。	加入欧盟后葡萄牙的科技与创新能力明显提升。也出现了一些初创企业。尽管如此，当今仿佛一些非常优秀的科学家因为在国内寻找不到满意的研究条件而选择到国外去。
30	当然会更好，因为我们不会受到外界的干涉，例如在渔业和奶制品业，由于对外开放市场而无法保护我们自身的小产业。	导致产生为了获得政治权力的"政党政治"。	干预政策。以提升能力为名，但有没有考虑不到的因素。	葡萄牙社会一直很贫困，但加入欧治与以前至少还有政治的多样性，这为走出贫困提供了可能性。	创新是一个根植于葡萄牙人身上的东西。

（续表）

31	如果脱离了欧盟，葡萄牙将是一个增长得更多的国家。如果没有发达国家的社会，经济、政治等诸方面都会更好处。	不管有没有欧盟，葡萄牙都不是一个好战的国家，都与外界建立了良好的关系。但我认为，加入欧盟也给葡萄牙这个小国带来了各方面的附加值，这在全球化时代尤为重要。	我们缺乏原材料的发展现代经济发展规模。如果没有加入欧盟，葡萄牙将会一直是一个谋求生存的国家。如今，葡萄牙人移民、安全、友好是我们的旅游业的一笔巨大财富。	正如所有贫穷的国家一样，社会发展差距以及两极分化。贫富之间的斗争一直存在。	我们拥有巨大的人才潜力，这是我们的财富。在欧盟的支持下，我们的科技与创新能力得到了提升，并又得到当今世界的认可。在这方面，我认为有回归的可能。
32	我认为如果没有加入欧盟，葡萄牙将比其他欧洲国家更会贫穷与落后。		将更难得到市场准入的支持，及对生产者的支持，外企进驻方面将更加困难，在国际市场上也越来越难以与其他国家竞争。	我们这个以农业为基础的社会将更加贫穷。文化的多样人们的选择更多方面将更难走向艺术的世界。	葡萄牙知识的生产及大量培养高质量的博士生、硕士生、本科生，显然是得益于欧盟以及其相关改革措施，如教育领域的博洛尼亚进程促进了葡萄牙的天主教大学、技术与科学等高等院校发展的研究。
33	显然，国家将更加落后，经济生产更乏力，也更缺乏创新。	不会发生太大变化：两个主要党派轮流执政（社会民主党、社会党），政治环境很大程度上还是取决于经济环境是否繁荣（危机或繁荣）。	毫无疑问，该领域受到欧洲的影响：经济增长能力更加匮乏，与现在相比更趋于农业社会。	距离欧洲更远，应该是一个更加保守更缺乏自由的社会。	这些领域的发展也会更慢，拥有更少的资源（其中大部分是由欧盟提供的），更少的科学研究。

（续表）

34	考虑到加入欧盟以前，葡萄牙没有一个强大的经济—社会基础来推动发展，因此我认为如果没有加入欧盟或者葡萄牙没有加入欧盟，葡萄牙的发展能力将受到很大限制。	经济上将在很长一段时期内更加依赖于第一产业。加入欧盟之前和之后的对比也将显出的最好处是促进了国家的经济结构调整。	葡萄牙的政治将不会发生变化。加入欧盟之后选举的基本未保持一致。	将更加远离信息社会。因此，社会将出现倒退，扫盲率将降低。加入欧盟后通过欧盟的渠道带动了教育基金体系的进步。	得益于与欧盟签署的各类科技合作协议以及建立的各种合作关系。没有欧盟或者葡萄牙没有加入欧盟，葡萄牙将处在一个孤立的位置。
35	自从加入欧共体（如今的欧盟）30年末，葡萄牙取得了较大的发展。很难描述加入欧盟后的直接影响，但种种迹象表明，这是一个有利因素，因为它为国家的整体发展作出了贡献。	葡萄牙从欧洲机构上受益的一方面，由于边境的开放以及在经济规划决策自由方面所受到的限制，伴随着全球化的复合影响，削弱了葡萄牙传统的又脆弱的第一产业（采掘业、农业和渔业）的生产能力。	参与欧盟的一体化进程巩固了葡萄牙的民主体制，尽管这一体制还很年轻和脆弱。当今葡萄牙政治制度稳固、一致可靠，尽管仍需要克服许多困难使其不断完善。	在现代通信网络下的知识与信息社会中，葡萄牙社会开放度大幅提高（正面负面影响都有），更加宽容，更加融合，更好地迎接当前及未来挑战的准备。	葡萄牙的科技与创新在欧洲一体化中受益，尤其是在获得新的生产工艺方面。然而，由于缺乏真正的欧洲项目（有多个国家技术人员共同参与创造并融合金融领域的脆弱性，以及不能确保葡萄牙能成功摆脱其落后的结构与竞争劣势。

（续表）

36	在这种情况下，国家的发展能力不会很强。除非葡萄牙与其昔日的政治盟友与葡萄牙之间保持深度联系（像英国战后是非殖民地那样的非殖民化进程，建立自己的联邦），否则没有其他可以替代当今的发展。	在我看来，加入欧盟有效稳定了国内政治局势。1986年加入共体时，葡萄牙的国家目标是保持在该新生共体的民主制度，防止其退化或受到某些集权制度的威胁。	如果没有加入欧盟，葡萄牙将很难获得来自欧洲结构基金的各类发展项目所接助的大量资金。这些资金帮助葡萄牙开展基础设施建设，修建高速公路。然而，值得一提的是，这一事实的结果也包括占了我们的非贸易产品，由欧盟来指导我们的一些产业，导致我们的市场份额下降以及一些工厂倒闭，捕鱼船队遭到强制打压等等。	在社会层面，人口受教育程度明显提高，财富和就业机会都相应得到增加，社会中出现了坚实的中产阶级。但近些年来，这些红利有所削减。在退化，文化、文学、学校工作环境及许多专业和技术的课程在减少。这些是由于国内外两方面原因导致的：国内层面是过于宽松的教育政策；国外层面则是由于博洛尼亚进程签署并压缩简化了葡萄牙大学现有的课程。	葡萄牙加入欧盟这些年来在科学研究所取得的成就并没有那样好，我们在许多领域都吹嘘的结果，只是该领域投入的经费领域中的人才都流失了；科学家所取得的成果在实际运用中被国家传播，与葡萄牙所希望达到的目标不一致。可以看到我们的科研人员所发表的论文质量较低，在世界特别是欧洲国际会议中的参与度也不高。此外，尽管葡萄牙政府在这方面也加大了投入，但经费分配使用颇受微词，并非所有人都有获得资助的平等机会。

（续表）

	政治	经济	文化	科技
37	加入欧盟在短期内给葡萄牙带来了非常多的好处。然而最近的一些协议与经济决策限制了葡萄牙的政策影响。整体而言，加入欧盟似乎是负面影响。如果没有加入欧盟，葡萄牙的发展能力还是会更弱。	在政治方面，我认为不为加入欧盟是有利的，因为加入欧盟后限制了葡萄牙在决策自主权。在民主制度的运行方面，欧盟并没有带来特别的优势。如果没有加入欧盟，葡萄牙会更容易更强有力以反对拥护以保持政治自治以反对国内与国外政治问题的解决的能力。	加入欧盟促进了葡萄牙一些经济领域的开放，但葡萄牙在财政方面失去了自主权，也没在这方面加入欧盟得到补偿。如果没有加入欧盟，将没有更强的运用财政工具的能力，以更好地应对全球金融危机，而不是受缚于德国的利益。当然，如果没有加入欧盟，也不会有能力建设重要的基础设施。	加入欧盟后，给学术和技术人士提供了更多自由流动的便利，也提升了葡萄牙文化的多样性，产生了积极的影响。如果没有加入，可能会侵犯科学-文化精英阶层的利益。	如果没有加入欧盟，葡萄牙在科技与创新要领域的发展显然要更加滞后，因为加入欧盟后创造了良好的激励机制与竞争环境。
38	在这方面我认为将没有变化或变化鲜有变化。	这方面确实实现了显著发展，因为在欧盟补贴的帮助下，葡萄牙的经济取得了增长。	这方面应是取得了更大的进步，提升了葡萄牙的文化水平，开阔了视野，加入欧盟益处是促进了葡萄牙人的学习与成长。	边境的开放促进了葡萄牙科学与技术的发展。来自欧盟的补贴帮助葡萄牙改进了技术。

参考文献

一、中文部分

何俊志：《结构、历史与行为——历史制度主义对政治科学的重构》，上海：复旦大学出版社2004年版。

何俊志、任军锋、朱德米编译：《新制度主义政治学译文精选》，天津：天津人民出版社2007年版。

何子英：《杰索普国家理论研究》，杭州：浙江大学出版社2010年版。

黄清吉：《论国家能力》，北京：中央编译出版社2013年版。

李军、朱昔群主编：《世界主要政党规章制度文献：葡萄牙、西班牙》，北京：中央编译出版社2015年版。

李明：《欧盟区域政策及其对中国中部崛起的启示》，武汉：武汉大学出版社2010年版。

李涛、温晓燕：《法治政府研究》，北京：光明日报出版社2014年版。

刘圣中：《历史制度主义：制度变迁的比较历史研究》，上海：上海人民出版社2010年版。

马勇：《欧盟科技一体化研究》，上海：华东师范大学出版社2013

年版。

欧树军：《国家基础能力的基础》，北京：中国社会科学出版社 2013 年版。

欧阳景根：《国家能力研究：应对突发事件视野下的比较》，长春：吉林出版集团 2011 年版。

裘元伦、张敏等：《欧盟国家经济改革的理论与实践》，北京：社会科学文献出版社 2013 年版。

人民论坛编：《大国治理：国家治理体系和治理能力现代化》，北京：中国经济出版社 2014 年版。

商务印书馆编译所：《世界共和国政要：葡萄牙》，北京：商务印书馆 1911 年版。

田野：《国家的选择：国际制度、国内政治与国家自主性》，上海：上海人民出版社 2014 年版。

王海明：《国家学原理》，北京：生活·读书·新知三联书店 2014 年版。

王绍光：《国家治理》，北京：中国人民大学出版社 2014 年版。

王绍光：《安邦之道：国家转型的目标与途径》，北京：生活·读书·新知三联书店 2007 年版。

王绍光、胡鞍钢：《中国国家能力报告》，沈阳：辽宁人民出版社 1993 年版。

王雅梅：《欧洲一体化进程中的欧盟区域政策》，成都：四川大学出版社 2013 年版。

徐亦行主编：《文化视角下的欧盟成员国五国研究：西班牙、葡萄牙、意大利、希腊、荷兰》，上海：上海外语教育出版社 2014 年版。

杨光斌：《制度的形式与国家的兴衰：比较政治发展的理论与经验研究》，北京：北京大学出版社 2005 年版。

杨光斌：《政治变迁中的国家与制度》，北京：中央编译出版社 2011 年版。

杨光斌：《比较政治评论》（第一／二辑 2013），北京：中国社会科学出版社 2013 年版。

俞可平主编：《治理与善治》，北京：社会科学文献出版社 2000 年版。

俞可平：《论国家治理现代化》（修订版），北京：社会科学文献出版社 2015 年版。

周弘主编：《欧洲发展报告（2012—2013）：欧洲债务危机的多重影响》，北京：社会科学文献出版社 2013 年版。

周弘主编：《欧洲发展报告（2013—2014）·欧盟东扩 10 年：成就、意义及影响》，北京：社会科学文献出版社 2014 年版。

［美］阿伦·利普哈特：《民主的模式：36 个国家的政府形式和政府绩效》，陈崎译，北京：北京大学出版社 2006 年版。

［美］安妮·玛丽·斯劳特：《世界新秩序》，任晓译，上海：复旦大学出版社 2010 年版。

［美］B.盖伊·彼得斯：《政治科学中的制度理论："新制度主义"》（第 2 版），王向民、段红伟译，上海：上海人民出版社 2011 年版。

［美］彼得·埃文斯、迪特里希·鲁施迈耶、西达·斯考切波：《找回国家》，方力维、莫宜端、黄琪轩等译，北京：生活·读书·新知三联书店 2009 年版。

［美］彼得·霍尔：《驾驭经济：英国与法国国家干预的政治学》，刘骥、刘娟凤、叶静译，南京：凤凰出版传媒集团、江苏人民出版社 2008 年版。

［美］彼得·J.卡岑斯坦：《世界市场中的小国家——欧洲的产业政

策》，叶静译，长春：吉林出版集团有限责任公司2009年版。

［美］查·爱·诺埃尔：《葡萄牙史（上下册）》，南京师范学院教育系翻译组译，南京：江苏人民出版社1974年版。

［美］达龙·阿塞莫格鲁、詹姆士·A.罗宾逊：《政治发展的经济分析——专制和民主的经济起源》，马春文等译，上海：上海财经大学出版社2008年版。

［瑞士］戴维·伯明翰：《葡萄牙史》，周巩固、周文清等译，北京：商务印书馆2012年版。

［美］道格拉斯·C.诺斯：《制度、制度变迁与经济绩效》，杭行译，上海：格致出版社、上海人民出版社2014年版。

［美］弗兰西斯·福山：《历史的终结及最后之人》，黄胜强等译，北京：中国社会科学出版社2003年版。

［美］弗兰西斯·福山：《政治秩序的起源：从前人类时代到法国大革命》，毛俊杰译，南宁：广西师范大学出版社2012年版。

［苏］格·尼·科洛米耶茨：《葡萄牙现代史概要》，南京师范学院外语系翻译组译，南京：江苏人民出版社1973年版。

［美］胡安·J.林茨、阿尔费莱德·斯泰潘：《民主转型与巩固的问题：南欧、南美和后共产主义欧洲》，孙龙等译，杭州：浙江人民出版社2008年版。

［葡］吉列尔梅·德·奥利维拉·马丁斯：《葡萄牙的机构及实事》，黄徽现译，北京：中国文联出版公司1998年版。

［匈］卡尔·波兰尼：《巨变：当代政治与经济的起源》（又译作《大转型》），黄树民译，北京：社会科学文献出版社2013年版。

［美］莉莎·L.马丁注：《民主国家的承诺：立法部门与国际合作》，刘宏松译，上海：上海世纪出版集团2010年版。

［澳］琳达·维斯、约翰·M.霍布森：《国家与经济发展：一个比

较及历史性的分析》，黄兆辉、廖志强译，长春：吉林出版集团有限责任公司 2009 年版。

［美］罗伯特·古丁、汉斯-迪特尔·克林格曼：《政治科学新手册》（上下册），钟开斌、王洛忠、任丙强译，北京：生活·读书·新知三联书店 2006 年版。

［美］罗伯特·W.杰克曼：《不需暴力的权力——民族国家的政治能力》，欧阳景根译，天津：天津人民出版社 2005 年版。

［英］罗杰·克劳利：《征服者：葡萄牙帝国的崛起》，陆大鹏译，北京：社会科学文献出版社 2016 年版。

［德］马克斯·韦伯：《社会科学方法论》，韩水法、莫西译，北京：中央编译出版社 1982 年版。

［德］马克斯·韦伯：《经济与社会》，北京：商务印书馆 1997 年版。

［美］尼考劳斯·扎哈里亚迪斯主编：《比较政治学：理论、案例与方法》，宁骚、欧阳景根等译，北京：北京大学出版社 2008 年版。

［美］乔尔·S.米格代尔：《强社会与弱国家：第三世界的国家社会关系及国家能力》，张长东、朱海雷、隋春波、陈玲译，张长东校，南京：凤凰出版传媒集团、江苏人民出版社 2009 年版。

［葡］萨拉依瓦（José H.Saraiva）：《葡萄牙简史》，李均报、王全译，石家庄：花山文艺出版社 1994 年版。

［美］塞缪尔·P.亨廷顿：《变化社会中的政治秩序》，王冠华、刘为等译，上海：上海人民出版社 2008 年版。

［美］西达·斯考切波：《国家与社会革命：对法国、俄国和中国的比较分析》，何俊志、王学东译，上海：上海世纪出版集团 2013 年版。

［美］亚历山大·格申克龙：《经济落后的历史透视》，张凤林译，

北京：商务印书馆2012年版。

[德] 尤尔根·哈贝马斯：《关于欧洲宪法的思考》，伍惠萍、朱苗苗译，上海：上海人民出版社2013年版。

[德] 贝阿特·科勒-科赫：《欧洲治理与体制一体化》，载《南开学报》（哲学社会科学版），2008年第1期，第2—9页。

[德] 贝阿特·科勒-科赫：《三种欧盟概念及其对应的欧洲公民社会角色》，载《德国研究》，2009年第3期，第11—21页。

陈菲：《英国学派与欧洲一体化研究》，载《世界经济与政治》，2005年第12期，第34—41页。

董玉华：《葡萄牙加入欧洲货币体系汇率机制问题探讨》，载《金融与经济》，1992年第8期，第53—56页。

古丽亚：《欧洲化：欧盟研究的一个新视角》，载《现代国际关系》，2007年第9期，第59—62页。

国务院发展研究中心"地区发展政策"课题组，陈锡文等：《均衡发展——欧盟区域政策在西班牙和葡萄牙的实践》，载《国际贸易》，2002年第6期，第32—35页。

韩凤芹、孙美楠：《欧盟凝聚与区域发展基金的发展及其启示》，载《经济研究参考》，2012年第1期，第62—76页。

寒冰：《葡萄牙：发达地区的"发展中国家"》，载《世界知识》，2004年第18期，第40—41页。

黄宝玖：《国家能力研究述评》，载《三明学院学报》，2006年3月，第8—14页。

黄冬娅：《比较政治学视野中的国家基础权力发展及其逻辑》，载《政治学评论》，2008年第3卷。

江秀平：《国家能力与政治发展》，载《厦门大学学报》（哲学社会科学版），2000年第4期，第96—101页。

［德］赖纳·艾辛：《欧洲化和一体化：欧盟研究中的概念》，载《南开学报》（哲学社会科学版），2009年第3期，第1—10页。

李剑：《转变中的"强"国家——国家能力的理论逻辑及其演进》，载《政治学研究》，2014年第6期，第112—119页。

李克成：《当代葡萄牙政党政治的变奏及启示》，载《聊城大学学报》（社会科学版），2008年第2期，第131—133页。

李明明：《"欧洲化"概念探析》，载《欧洲研究》，2008年第3期，第18—31页。

李明明：《后功能主义理论与欧洲一体化》，载《欧洲研究》，2009年第4期，第33—45页。

李明明：《欧盟认同与欧盟制度建设：一个互构进程》，载《外交评论》，2007年10月，第30—36页。

李艳：《欧盟基金支持欠发达地区发展的经验与启示》，载《经济问题探索》，2009年第1期，第173—177页。

林民旺：《欧洲化：欧盟共同外交与安全政策研究新视角》，载《国际论坛》，2009年3月，第50—54页。

林娴岚：《葡萄牙的欧洲化与国家政治发展》，载《现代国际关系》，2016年第8期，第27—32页。

林娴岚：《欧盟区域政策对葡萄牙国家科技创新能力的影响》，载《中国科技论坛》，2016年第9期，第148—154页。

林森：《葡萄牙承诺发展"绿色经济"，到2030年不再使用煤炭》，载《能源研究与利用》，2016年第1期，第19页。

林仲豪：《政府作用、国家能力及政府行政规制失灵的原因分析》，载《广东社会科学》，2008年第4期，第45—50页。

刘文秀：《欧盟国家主权让渡的特点、影响及理论思考》，载《世界经济与政治》，2003年第5期，第23—28页。

刘阳、徐彪：《东扩后欧盟内部的区域发展不平衡问题探讨》，载《世界经济情况》，2006年第17期，第6—9页。

罗海东：《葡萄牙：小国要做的两件大事》，载《世界知识》，2007年第13期，第44—45页。

马红霞：《论90年代欧盟共同农业政策的改革及其理论基础》，载《经济评论》，1998年第2期，第81—85页。

申皓、何成军：《欧盟科技政策浅析》，载《科技进步与对策》，2004年第9期，第26—28页。

舒平：《欧洲：下一站，葡萄牙？》，载《宏观经济》，2011年第2期，第17—19页。

舒平：《欧洲：葡萄牙主权债务形势及前景展望》，载《宏观经济》，2011年第3期，第16—19页。

舒平：《欧洲：葡萄牙主权债务危机的深化及其影响》，载《宏观经济》，2011年第5期，第23—27页。

孙云：《西班牙葡萄牙政党的欧洲一体化政策比较》，载《国际政治研究》，2000年第3期，第153—157页。

邰秀秀：《欧债危机下葡萄牙偿债能力分析》，东北财经大学硕士学位论文，2011年11月。

王轶昕：《从基金支持的角度评述欧盟区域政策》，载《云南师范大学学报》（哲学社会科学版），2011年5月，第131—137页。

王展鹏：《国际关系理论还是比较政治学——简评政府间至上主义与两种'治理'理论在欧盟机构问题上的分歧》，载《欧洲》，2002年第1期，第91—97页。

王展鹏：《理性选择还是社会建构——欧洲一体化理论范式之争评析》，载《国际关系学院学报》，2009年第5期，第9—14页。

王仲伟：《国家能力体系的理论建构》，载《国家行政学院学报》，

2014年第1期，第18—22页。

吴志成、王霞：《欧洲化：研究背景、界定及其与欧洲一体化的关系》，载《教学与研究》，2007年第6期，第48—55页。

吴志成、王霞：《欧洲化及其对成员国政策的影响》，载《欧洲研究》，2007年第4期，第38—52页。

吴志成、朱旭：《欧盟对欧洲主权债务危机的救助》，载《南京大学学报》（哲学·人文科学·社会科学），2013年第2期，第58—69页。

肖芳：《〈里斯本条约〉与欧盟成员国国际投资保护协定的欧洲化》，载《欧洲研究》，2011年第3期，第93—110页。

邢瑞磊：《国际关系、比较政治学和治理——欧洲问题研究路径浅析》，载《全球视野理论月刊》，2009年第1期，150—152页。

薛晶洁、陈志敏：《欧盟"双重民主赤字"问题与成员国议会在欧盟决策中的参与》，载《国际观察》，2011年第4期，第66—72页。

杨光斌：《诺斯制度变迁理论的贡献与问题》，载《华中师范大学学报》（人文社会科学版），2007年5月，第30—37页。

叶静怡：《欧盟90年代共同农业政策改革的理论与实践——从价格干预到直接收入补贴的初步转变》，载《经济科学》，2000年第5期，第111—121页。

臧术美：《欧盟地区政策改革与效应研究》，华东师范大学博士学位论文，2009年4月。

张长东：《国家治理能力现代化研究——基于国家能力理论视角》，载《法学评论》（双月刊），2014年第3期，第25—33页。

张骥：《欧洲化的双向运动：一个新的研究框架》，载《欧洲研究》，2011年第6期，第124—137页。

张骥：《"欧洲化"与政治社会学——欧盟安全与防务政策理论研

究的新视角》，载《欧洲研究》，2009年第4期，第123—136页。

张浚：《结构基金及欧盟层面的市场干预——兼论欧盟的多层治理和欧洲化进程》，载《欧洲研究》，2011年第6期，第107—123页。

张敏：《欧洲一体化进程中劳动力市场模式的演变机制》，载《欧洲研究》，2006年第6期，第63—79页。

张鹏：《层次分析方法：演进、不足与启示——一种基于欧盟多层治理的反思》，载《欧洲研究》，2011年第5期，第103—114页。

张小济、张琦：《明显的经济拉动——欧盟欠发达成员国参与经济一体化的经验和启示》，载《国际贸易》，2004年第2期，第39—42页。

张迎红：《浅析欧盟创新政策的模式演变及未来发展趋势》，载《国际展望》，2012年第6期，第121—134页。

张勇、杨光斌：《国家自主性理论的发展脉络》，载《教学与研究》，2010年第5期，第46—52页。

张征东：《欧盟主席国葡萄牙担子不轻》，载《瞭望新闻周刊》，2007年7月16日，第55页。

赵晨：《欧盟如何向外扩展民主：历史、特点和个案分析》，载《世界经济与政治》，2007年第5期，第14—21页。

赵丽：《理性历史制度主义的欧洲一体化理论评述》，载《理论界》，2009年第1期，195—196页。

赵晓忠：《巴罗佐：掌管欧盟的葡萄牙人》，载《瞭望新闻周刊》，2004年7月5日，第18—19页。

甄峰：《从葡萄牙反思欧洲债务危机》，载《银行家》，2011年第6期，第104—106页。

郑先武：《国际关系研究新层次：区域间主义理论与实践》，载《世界经济与政治》，2008年第8期，第61—68页。

钟佳纯：《欧盟统合下葡萄牙移民政策之研究》，台湾南华大学硕士学位论文，2013年6月。

周诚慧：《中心—外围理论在欧盟危机中的政治经济表现》，载《当代世界》，2013年5月，第58—60页。

周茂荣、祝佳：《论欧盟区域政策新一轮改革及其前景》，载《经济评论》，2008年第2期，第128—132页。

朱贵昌：《多层治理理论与欧洲一体化》，载《外交评论》，2006年12月，第49—55页。

朱立群：《欧洲一体化理论：研究问题、路径与特点》，载《国际政治研究》，2008年第4期，第1—18页。

朱仁显、唐哲文：《欧盟决策机制与欧洲一体化》，载《厦门大学学报》（哲学社会科学版），2002年第6期，第81—88页。

二、英文部分

Boaventura de Sousa Santos and João Arriscado Nunes（eds.），*Reinventing Democracy：Grassroots Movements in Portugal*，Abingdon，Oxford：Taylor & Francis Ltd.，2006.

Country Watch Incorporated，*Portugal Country Review*，2013.

David Birmingham，*A Concise History of Portugal*（Second Edition），Cambridge：Cambridge University Press，2003.

DATAMONITOR，*Portugal，Country Profile*，2004.

DATAMONITOR，*Portugal，Country Profile*，2006.

DATAMONITOR，*Portugal，Country Profile*，2007.

DATAMONITOR，*Portugal，Country Profile*，2012.

DATAMONITOR，*Portugal，Country Profile*，2013.

European Commission，*General Report on the Activities of the*

European Union – 2013, European Commission Directorate – General for Communication Publications, January 2014.

European Commission, *The Economic Adjustment Programme for Portugal (2011–2014)*, October, 2014.

European Commission Enterprise Directorate-General, "INNO-Policy Trend Chart-Innovation Policy Progress Report: Portugal", 2009.

Fátima Monteiro, José Tavares, Miguel Glatzer and Ângelo Cardoso (eds.), *Portugal: Strategic Options in European Context*, Maryland: Lexington Books, 2003.

Founding for Science and Technology Portugal, Establishing Portugal as a Global Reference for Research and Innovation (Report).

Francis Fukuyama, *The Origins of Political Order: from Prehuman Times to the French Revolution*, New York: Farrar, Straus and Giroux, 2011.

Francis Fukuyama, *Political Order and Political Decay: from the Industrial Revolution to the Globalization of Democracy*, New York: Farrar, Straus and Giroux, 2014.

Jeff Kenner, *EU Employment Law: from Rome to Amsterdam and Beyond*, Oxford: Hart Publishing, 2002.

Joel S. Migdal, *Strong Societies and Weak States: State-Society Relations and State Capabilities in the Third World*, Princeton: Princeton University Press, 1988.

José Luis Sampedro and Juan Antonio Payno (eds.), *The Enlargement of the European Community*, London: the Macmillan Press Ltd., 1983.

José Mária Magone, "The Transformation of the Portuguese Political System: European Regional Policy and Democratization in a Small EU Member State", in Kevin Featherstone and George Kazamias (eds.), *Europeanization and the Southern Periphery*, London: Frank Cass Publishers, 2001.

José Mária Magone, *The Politics of Southern Europe: Integration Into the European Union*, Portsmouth: Greenwood Publishing Group, 2003.

JRC Science and Policy Report, *RIO Country Report, Portugal 2014*: 2.

Karl Polanyi, *The Great Transformation: The Political and Economic Origins of our Time*, Boston: Beacon Press, 1944.

Kevin Featherstone and George Kazamias(eds.), *Europeanization and the Southern Periphery*, Oxford: Routledge, 2001.

Klaus H. Goetz and Simon Hix (eds.), *Europeanized Politics European Integration and National Political Systems*, London: Frank Cass Piblishers, 2001.

Laura C. Ferreira-Pereira (ed.), *Portugal in the European Union: Assessing Twenty-Five Years of Integration Experience*, Oxford: Routledge, 2014.

Linda Weiss and JohnM. Hobson, *States and Economic Development: A Comparative Historical Analysis*, Cambridge: Polity Press, 1995.

Nuno Severiano Teixeira and António Costa Pinto (eds.), *The Europeanization of Portuguese Democracy*, New York: Columbia University Press, 2012.

OECD (Authors: Teresa Curristine, Chung-Keun Park and Richard Emery), *OECD Review of Budgeting in Portugal*, OECD Publishing, 2008.

OECD, *Better Regulation in Europe Better Regulation in Europe: Portugal 2010*, OECD Publishing, 2010.

OECD, "Portugal: Reforming the State to Promote Growth", "Better

Policies" Series, OECD Publishing, May 2013.

Paul Christopher Manuel and Sebastian Royo, *Spain and Portugal in the European Union: The First Fifteen Years*, Oxford: Routledge, 2004.

Paolo Graziano and Maarten P. Vink (eds.), *Europeanization, New Research Agenda*, New York: Palgrrave Macmillan, 2007.

Pedro Conceição and Manuel V. Heitor, *Innovation for All? Learning from the Portuguese Path to Technological Change and the Dynamics of Innovation*, Westport: Praeger Publishers, 2005.

Peter A. Hall, *Governing the Economy: The Politics of State Intervention in Britain and France*, Oxford: Oxford University Press, 1986.

Peter B. Evans, Dietrich Rueschemeyer and Theda Skocpol (eds.), *Bringing the States Back In*, Cambridge: Cambridge University Press, 1985.

Ramona Coman, Thomas Kostera and Luca Tomini (eds.), *Europeanization and European Integration, From Incremental to Structural Change*, New York: Palgrave Macmillan, 2014.

Robert W. Jackman, *Power without Force: The Political Capacity of Nation-States*, Ann Arbor, Michigan: University of Michigan Press, 1993.

Samuel P. Huntington, *Political Order in Changing Society*, New Haven: Yale University, 1968.

Sebastián Royo and Paul Christopher Manuel (eds.), *Spain and Portugal in the European Union*, London: Frank Cass & Co. Ltd., 2003.

Sebastián Royo (ed.), *Portugal in the Twenty-First Century: Politics, Society and Economics*, Maryland: Lexington Books, 2012.

Sotirios Zartaloudis, *The Impact of European Employment Strategy in Greece and Portugal: Europeanization in a World of Neglect*, New York: Palgrave Macmillan, 2014.

Sven Steinmo and Kathleen Thelen (eds.), translator: Longstreth, Frank, *Structuring Politics: Historical Institutionalism in Comparative Analysis*, Cambridge: Cambridge University Press, 1992.

Theda Skocpol, *States and Social Revolutions: A Comparative Analysis of France, Russia and China*, Cambridge: Cambridge University Press, 1979.

Thomas Poguntke, Nicholas Aylott, Elisabeth Carter, Robert Ladrech and Kurt Richard Luther (eds.), *The Europeanization of National Political Parties: Power and Organizational Adaptation*, Oxford: Routledge, 2007.

Ulrike Liebert and Maurizio Cotta (eds.), *Parliament and Democratic Consolidation in Southern Europe*, London: Pinter Publisher Ltd., 1990.

Vítor Corado Simões and Manual Mira Godinho, *Mini Country Report/Portugal*, under Specific Contract for the Integration of INNO Policy TrendChart with ERAWATCH (2011-2012), December 2011.

Walter C. Opello, Jr., *Portugal: From Monarchy to Pluralist Democracy*, Westview Press, Inc., 1991.

Aimee T Kanner, "The Impact of Regional Integration on the Foreign Policy Options of Small and Middle Power States: the Cases of Argentina, Portugal, Spain and Uruguay", Dissertation of Ph.D., submitted to the Faculty of the University of Miami, May 2001.

Eszter Czuriga, "The European Union's Regional Policy and its Results in Portugal Convergence and Divergence in Practice", the Ph.D. thesis of Eszter Czuriga, Budapest, 2009.

Kate Nicholls, BA, MA (Hons), "Europeanization Responses to Labor Market Challenges in Greece, Ireland and Portugal: the Importance of Consultative and Incorporative Policy-making", Dissertation of Ph.D., submitted to the Graduate School of the University of Notre Dame, June 2007.

Maria Green Cowles, James Caporaso and Tomas Risse (eds.), *Transforming Europe: Europeanization and Domestic Change*, New York: Cornell University Press, 2001.

Adamantia Pollis, "Introduction: Regime Transformation and Foreign Policy: Spain, Greece and Portugal", *Journal of Modern Greek Studies*, Volume 6, Number1, May 1988, pp.1-6.

Alba Alonso, Intersectionality by Other Means? New Equality Policies in Portugal, *Social Politics: International Studies in Gender, State and Society*, Vol. 19, No. 4, winter 2012, pp.598-621.

André Freire, "A New Era in Democratic Portugal? The 2009 European, Legislative and Local Elections", *South European Society and Politics*, Vol. 15, Issue 4, 2010, pp.593-613.

Antonio Costa Pinto, "Portugal and European Integration-An Introduction", Conference on EU and Democracy in Southern Europe: Portugal, Spain and Greece, 1-2 of November, 2012.

António Goucha Soares, "Portugal and the European Union: The ups and downs in 20 years of membership", *Perspectives on European Politics and Society*, Vol. 8, Issue 4, 2007, pp.460-475.

Canan Balkir, H. Tolga Bolukbasi and Ebru Ertugal, "Europeanisation and Dynamics of Continuity and Change: Domestic Political Economies in the 'Southern Periphery'", *South European Society and Politics*, Vol. 18, Issue 2, 2013, pp.121-137.

Carlos Pereira and Shane Singh, "Economic Performance and Political Coordination in Portugal's 'Dry' Political System", Michigan State University, February 10, 2009.

Christoph Knill and Dirk Lehmkuhl, "How Europe Matters Different Mechanisms of Europeanization", *European Integration online Papers* (EIoP), Vol. 3, No. 7, June 15, 1999, pp.1-19.

Cristina Leston-Bandeira, "Portugal in the Twenty-First Century: Politics, Society and Economics", West European Politics, Vol. 36, Issue 4, 2013, pp.891-892.

Diogo Moreira, João Pedro Ruivo, António Costa Pinto and Pedro Tavares de Almeida, "Attitudes of the Portuguese Elites towards the European Union", *South European Society and Politics*, Vol. 15, Issue 1, 2010, pp.57-77.

Emanuel Lmbardo, Maria Bustelo, "Political Approaches to Inequalities in Southern Europe: A Comparative Analysis of Italy, Portugal and Spain", *Social Politics: International Studies in Gender, State and Society*, Vol. 19, No. 4, winter 2012, pp.572-595.

Francisco Torres, "Back to External Pressure: Policy Responses to the Financial Crisis in Portugal", *South European Society and Politics*, Vol. 14, Issue 1, 2009, pp.55-70.

Francisco Torres and Ana Fraga, "What 'Europe'? Portugal's Reactive Adaptation to European Institutional Changes", *South European Society and Politics*, Vol. 9, Issue 1, 2004, pp.97-120.

Francisco Seixas Da Costa, Álvaro de Vasconcelos and Maria João Seabra (eds.), *Portugal: A European Story*, Principia University Press, July 2001.

Gabriele Abels, "Adapting to Lisbon: Reforming the Role of German Landesparlamente in EU Affairs", *German Politics*, Vol. 22, Issue 4, 2013, pp.353-378.

IHS Global Inc., "Country Intelligence Report: Portugal", *HIS Global Insight*, February 3, 2014.

International Monetary Fund, "Portugal: Request for a Three-Year Arrangement under the Extended Fund Facility", *IMF Country Report*, No. 11/127, June 2011.

International Monetary Fund, "Portugal: First Review under the Extended Arrangement", *IMF Country Report*, No. 11/279, September 2011.

International Monetary Fund, "Portugal: Fifth Review under the Extended Arrangement and Request for Waivers of Applicability and Nonobservance of End-June Performance Criteria-Staff Report; Press Release on the Executive Board Discussion; and Statement by the Executive Director for Portugal", *IMF Country Report*, No. 12/127, July 2012.

International Monetary Fund, "Portugal: Fifth Review under the Extended Arrangement and Request for Waivers of Applicability and Nonobservance of End – September Performance Criteria – Staff Report; Press Release on the Executive Board Discussion; and Statement by the Executive Director for Portugal", *IMF Country Report*, No. 12/292, October 2012.

International Monetary Fund, "Portugal: Rethinking the State-Selected Expenditure Reform Options", *IMF Country Report*, No. 13/6, January 2013.

International Monetary Fund, "Portugal: 2012 Article IV Consultation and Sixth Review under the Extended Arrangement and Request for Waivers of Applicability of End – December Performance Criteria – Staff Report; Public Information Notice and Press Release on the Executive Board Discussion; and Statement by the Executive Director for Portugal", *IMF Country Report*, No. 13/18, January 2013.

James A. Caporaso, "The European Union and Forms of State: Westphalian, Regulatory or Post - Modern?", *Journal of Common Market Studies*, Vol. 34, No.1, March 1996, pp.29-52.

James A. Caporaso, "Across the Great Divide: Integrating Comparative and International Politics", *International Studies Quarterly*, Vol. 41, No.4, December, pp.563-591.

Johan P. Olson, "The Many Faces of Europeanization", *Journal of Common Market Studies*, Vol. 40, No. 5, 2002, pp.921-952.

John Borneman and Nick Fowler, "Europeanization", *Annual Review of Anthropology*, Vol. 26, 1997, pp.487-514.

John K. Glenn, "From Nation State to Member State: Europeanization and Enlargement", in *Biennial Conference*, March 27-29, 2003.

Jorge Braga De Macedo, "Portugal's European Integration: The Good Student with a Bad Fiscal Constitution", *South European Society and Politics*, Vol. 8, Issue 1-2, 2003, pp.169-194.

José Mária Magone, *The Developing Place of Portugal in the European Union*, Transaction Publishers, March 1, 2004.

José M. Magone, "Portugal Is Not Greece: Policy Responses to the Sovereign Debt Crisis and the Consequences for the Portuguese Political Economy", *Perspectives on European Politics and Society*, Vol. 15, Issue 3, 2014, pp.346-360.

Kerry Howell, "Developing Conceptualizations of Europeanization and European Integration: Mixing Methodologies", in *ESRC/UACES Series of Seminars on EBPP*, November 29, 2002.

Kevin Featherstone and George Kazamias, "Introduction: Southern Europe and the Process of 'Europeanization'", *South European Society and*

Politics, Vol. 5, Issue 2, 2000, pp.1-24.

Kevin Featherstone, "Introduction: In the Name of 'Europe'", in Kevin Featherstone and Claudio M. Radaelli (eds.), *The Politics of Europeanization*, Oxford University Press, 2003, pp.3-26.

Leonor Vasconcelos Ferreira, "Persistent Poverty: Portugal and the Southern European Welfare Regime", *European Societies*, Vol. 10, Issue 1, 2008, pp.49-71.

Lucia Coppolaro and Pedro Lains, "Openness Protected: Portugal and European Integration, 1949-1992", conference paper of *From the Treaty of Rome to the Treaty of Lisbon: Fifty Years of European Integration (1957-2007)*, organized by the ICS in December 2008.

Maria de Jesus Espada, *Portuguese National System of Science and Technology (SNCT) 1995-2014*, July, 2016, Source: Portuguese Ambessy in Beijing, China.

Miguel Cardina, "To Talk or Not to Talk: Silence, Torture and Politics in the Portuguese Dictatorship of Estado Novo", *Oral History Review*, Vol. 40, No. 2, Summer/Fall 2013, pp.251-270.

Michael Mann, "The Autonomous Power of the State: Its Origins, Mechanisms and Results", *European Archive of Sociology*, Volume 25, 1984, pp.185-212.

Michele Boldrin, Fabio Canova, Jörn-steffen pischke and Diego Puga, "Inequality and Convergence in Europe's Regions: Reconsidering European Regional Policies", *Economic Policy*, Vol. 16, No. 32 (April, 2001), pp.205-207, p.253.

Milica Uvalic, "Regional Cooperation and the Enlargement of the European Unian: Lessons Learned?", *International Political Science Review*,

Vol. 23, No. 3, (July, 2002), pp.319-333.

Nancy Bermeo, "Regime Change and Its Impact on Foreign Policy: The Portuguese Case", *Journal of Modern Greek Study*, Vol. 6, No. 1, May 1988, pp.7-25.

Paulo Gorjão, "Portugal and the Straitjacket of the European Financial Crisis", *The International Spectator: Italian Journal of International Affairs*, Vol. 47, Issue 4, 2012, pp.64-68.

Peter Gourevich, "The Second Image Reversed: the International Sources of Domestic Politics", *International Organization*, Vol. 32, No. 4, autumn 1978, pp.881-912.

Ricardo Cabral and Viriato Soromenho Marques, "Portugal: 40 Years of Democracy and Integration in the European Union", Heinrich Böll Stiftung European Union, Mar. 25, 2014, https://eu.boell.org/en/2014/03/25/portugal-40-years-democracy-and-integration-european-union.

Robert Harmsen and Tomas M. Wilson, "Introduction: Approaches to Europeanization", in Robert Harmsen and Tomas M. Wilson (eds.), *Yearbook of European Studies*, Amsterdam-Atlanta, GA 2000, pp.13-26.

Robert Ladrech, "Europeanization of Domestic Politics and Institutions: the Case of France", *Journal of Common Market Studies*, Vol. 32, No. 1, March 1994, pp.69-88.

Sebastián Royo and Paul Christopher Manuel, "Some Lessons from the Fifteenth Anniversary of the Accession of Portugal and Spain to the European Union", *South European Society and Politics*, Vol. 8, Issue 1-2, 2003, pp.1-30.

Sebastián Royo, "From Authoritarianism to the European Union: The Europeanization of Portugal", *Mediterranean Quarterly*, Vol. 15, No. 3, summer 2004, pp.95-129.

Sebastián Royo, "Lessons from the Integration of Spain and Portugal to the EU", *PS: Political Science and Politics*, Vol. 40, No. 4 (Oct., 2007), pp.689-693.

Sebastián Royo, "Portugal and Spain in the EU: Paths of Economic Divergence (2000-2007)", *Análise Social*, Vol. 45, No. 195 (2010), pp. 209-254.

Sebastián Royo, "Portugal in the European Union: The Limits of Convergence", *South European Society and Politics*, Vol. 18, Issue 2, 2013, pp.197-216.

Susannah Verney, "Euroscepticism in Southern Europe: A Diachronic Perspective", *South European Society and Politics*, Vol. 16, Issue 1, 2011, pp.1-29.

Wolfgang Schäuble, "Why Austerity is only Cure for the Eurozone", *Financial Times*, 5 September 2011.

三、葡文部分

A. H. de Oliveira Marques, *Breve História de Portugal* (8 edição), Lisboa: Editorial Presença, 2012.

Alexander Trechsel, e Richard Rose, *Portugal nas Decisões Europeias*, Lisboa: Fundação Francisco Manuel dos Santos, 2014.

Alice Ramos, Cícero Roberto Pereira, José Barreto, José Tawares, Maria José Chambel, Pedro Magalhães, e Sofia Aboim, *20 Anos de Opinião Público em Portugal e na Europa*, Lisboa: Fundação Francisco Manuel dos Santos, Julho de 2013.

António Araújo (Director de Publicações), *Portugal Europeu. E Agora?*,

Lisoa: Fundação Francisco Manuel dos Santos, 2014.

António Costa Pinto, (coord.), *Portugal Contemporâneo*, Lisboa: Dom Quixote, 2005.

António Covas, *A Europa Federal e a Quarta República Portuguesa, o Futuro das Relações Entre Portugal e a União Europeia*, Lisboa: Fernando Mão de Ferro, Setembro de 2011.

António Martins da Silva, *Portugal e a Europa: Distanciamento e Reencontro-A ideia de Europa e a Integração Europeia: Ecos, Reações e Posicionamentos (1830-2005)*, Coedição: CHSC-Centro de História da Sociedade e da Cultura, Palimage Editores, 2005.

Augusto Mateus (Coord.), *25 Anos de Portugal Europeu: A Economia, a Sociedade e os Fundos Estruturais*, Lisboa: Fundação Francisco Manuel dos Santos e Sociedade de Consultores Augusto Mateus & Associados (AM&A), Maio de 2013.

Barry Hatton, *Os Portugueses*, Lisboa: Clube do Autor, 2011.

Caixa Geral de Despósitos, *Desemvolvimento da Economia Portuguesa*, Lisboa: Relatórios CGD, 2010.

Carla Guapo Costa, *Economia e Política da Construção Europeia, os Desafios do Processo de Integração*, Lisboa: Terramar, Lda., 2004.

Carta Magna da Competitividade, *Relatório da Competitividade*, Lisboa: Associação Industrial Portuguesa, CCI-Câmara de Comércio e Indústria, 2011.

ECORYS, *Desenvolvimento Urbano Sustentável em Portugal: uma Abordagem Integrada*, Relatório para a Direcção-Geral da Política Regional da Comissão Europeia, 2011.

Fernando Marques, e Pedro Lynce, *Indústria e Política Industrial em*

Portugal, Lisboa: CGTP-IN, Setembro de 2011.

Francisco Niny de Castro, *O Pedido de Adesão de Portugal às Comunidades Europeias – Aspectos Político – Diplomáticos*, Cascais: Princípia, Junho de 2010.

Governo de Portugal, *Ano Europeu dos Cidadãos: Programa de Ação*, 2013, *Portugal*, www.anoeuropeudoscidadaos.gov.pt.

João Ferreira do Amaral, José maria Brandão de Brito, e Maria Fernanda Rollo (coord.), *Portugal e a Europa. Dicionário (65 anos de história– 25 anos de adesão)*, Lisboa: Edições tinta – da – china, Lda., Agosto de 2011.

Jorge Sampaio, *Com os Portugueses, Dez Anos na Presidência da República*, Porto: Edições Afrontamento, 2005.

José Hermano Saraiva, *História de Portugal (8. edição)*, Parede: Publicações Europa-América, Lda., 2011.

José Renato Gonçalves, *O Euro e o Futuro de Portugal e da União Europeia*, Coimbra: Edifício Coimbra Editora, Outubro de 2010.

José Saramago, *A Jangada de Pedra*, Lisboa: Editorial Caminho, O Campo Da Palavra, 1986.

Maria Manuela Tavares Ribeiro (Coord.), *Portugal-Europa, 25 Anos de Adesão*, Coimbra: Edições Almedina, SA, 2012.

Maria Manuela Tavares Ribeiro, Isabel Maria Freitas Valente, e Ana Maria Ribeiro (Coord.), *Europa: Que Futuro? Olhares Portugueses*, Coimbra: Edição: CIEDA, 2012.

Mário Soares, *No Centro do Furacão*, Rio de Janeiro: Editora Objectiva, Abril de 2011.

Manuel Duarte Laranja, *Uma Nova Política de Inovação em Portugal*,

Coimbra: Edições Almedina, SA., Janeiro de 2007.

Manuel Mira Godinho, *Inovação em Portugal*, Lisboa: Fundação Francisco Manuel dos Santos e Manuel Mira Godinho, Outubro de 2013.

Miguel Real, *A Morte de Portugal*, Porto: Campo das Letras, 2007.

Ministério dos Negócios Estrangeiros, *Portugal na União Europeia*, 2005.

Ministério dos Negócios Estrangeiros, *Portugal na União Europeia*, 2006.

Ministério dos Negócios Estrangeiros, *Portugal na União Europeia*, 2008.

Ministério dos Negócios Estrangeiros, *Portugal na União Europeia*, 2009.

Paula Moura Pinheiro (ed.), *Portugal no Futuro da Europa*, Parlamento Europeu, maio de 2006.

PORDATA, *Retrato de Portugal*, *Indicadores*, Lisboa: Fudação Fancisco Manuel dos Santos, Edição 2010.

PORDATA, *Retrato de Portugal*, *Indicadores*, Lisboa: Fudação Fancisco Manuel dos Santos, Edição 2011.

PORDATA, *Retrato de Portugal*, *Indicadores*, Lisboa: Fudação Fancisco Manuel dos Santos, Edição 2014.

TRATADO DE LISBOA, *Jornal Oficial da União Europeia*, C 306, 17 de Dezembro de 2007.

Beatriz Monteiro Gonçalves de Assunção, *A Importância dos Fundos Estruturais no Desenvolvimento Empresarial Português: Uma Visão Prática a partir do IAPMEI*, Relatório de Estágio de Mestrado em Economia, apresentado à Faculdade de Economia da Universidade de Coimbra para obtenção do grau de Mestre, Coimbra, 2013.

Dina Sofia Neves Sebastião, "Mário Soares e a Europa: Pensamento e Acção", Dissertação de Mestrado em História Contemporânea: Economia, Sociedade e Relações Internacionais, Especialidade em Construção Europeia e Relações Internationais, aprenstada à Falculdade de Letres da Universidade de Coimbra, 2010.

Fernanda Maria Pinto, "A Integração de Portugal nas Comunidades Europeias", Dissertação de Mestrado em Estudos Europeus, apresentada à Faculdade de Letras da Universidade de Coimbra, 2011.

Licínio Mendes Galvão Freire, "Desenvolvimento Regional e Coesão na União Europeia QREN e Competitividade em Portugal", Dissertação de Mestrado em Estudo Europeu, aprensentado à Faculdade de Letres da Universidade de Coimbra, 2013.

Óscar Afonso, e Álvaro Aguiar, "Comércio Externo e Crescimento da Economia Portuguesa no Século XX", Investigação-Trabalhos em curso-n 146, maio de 2004.

Pedro André Cerqueira, "Assimetria de Choques entre Portugal e a União Europeia", resultado do desenvolvimento do estudo da secção 5.3 da Dissertação de Mestrado em Ecomomia Monetária e Financeira, apresentada à Faculdade de Economia, Universidade de Coimbra, Abril de 2000.

Susana Paula Henriques de Almeida, "A Europeização das Políticas Educativas em Portugal. O Programa Educação & Formação 2010", Dissertação de Mestrado em Gestão da Formação e Admistração Educacional, apresentada à Faculdade de Psicologia e Ciência da Educaão da Universidade de Coimbra, Setembro de 2011.

ACTOS, "Relativos à Adesão do Reino de Espanha e da República Portuguesa às Comunidades Europeias", *Jornal Oficial das Comunidades Europeias*, 15 de Novembro de 1985.

Adriano Moreira, "Situação Internacional Portuguesa", *Análise Social*, Vol. 35, No. 154/155, "Portucsl Político 25 Amos Depois" (Verão de 2000), pp.315-326.

Alice Cunha, "O Tratado de Maastricht: A Europa e Portugal em Mudança", *Debater A Europa*, Periódico do CIEDA e do CEIS20, em parceria com GPE e a RCE, N.6 Janeiro/ Junho de 2012 - Semestral, pp.24-40.

Ana Alexandre Fernandes, "Determinantes da Mortalidade e da Longevidade: Portugal numa Perspectiva Europeia (UE15, 1991-2001)", *Análise Social*, Vol. 42, No. 183, Demografia (2007), pp.419-443.

Ana Cristina Coimbra Gil, "Portugal e A Europa: Quem Somos? Questões de Identidade", *Horta*, 2012, p.56.

António Barreto, "Portugal, a Europa e a Democracia", *Análise Social*, Quarta Série, Vol. 29, No. 129 (1994), pp.1051-1069.

Associação Nacional da Formação e Ensino Professional, "Portugal 2020: Guia para os Fundos Estruturais", https://www.forma-te.com/geral/portugal-2020-guia-para-os-fundos-estruturais.

Carlos Bastien, "A Integração Europeia Vista pelos Economistas Portuguesas-Uma Perspectiva de Longo Prazo", *Análise Social*, Vol. 44, No. 191 (2009), pp.337-359.

Carlos Gaspar, "Portugal, os Pequenos Estados e a União Europeia", *Nação e Defesa*, Outono-Inverno de 2007,, N.°118-3. Série, pp.107-145.

Carlos Gaspar, "Portugal e o Alargamento da União Europeia", *Análise Social*, Vol. 35, No. 154/155, "Portucsl Político 25 Anos Depois" (Verão de 2000), pp.327-372.

Commisão Europeia Representação em Portugal, "10 Sucessos que Partilhamos na União Europeia", Cerimónia de Assinatura do Tratado de Lisboa, em 13 de Dezembro de 2007.

CONSTITUIÇÃO DA REPÚBLICA PORTUGUESA, VII REVISÃO CONSTITUCIONAL [2005], www.parlamento.pt.

COTEC, Inovação Digesto, Janeiro de 2014, Fonte: http://barometro.cotec.pt/website.

Eduardo Lourenço: "Temos Europa a Mais e Não a Menos", *TVI*24, 11 de junho de 2013.

Fernando de Sousa, "Portugal e a União Europeia", *Revista Brasileira de Política Internacional*, vol.43 no.2 Brasília Jul./Dec. 2000, pp.192-200.

Filipe Nunes, "Eleições de Segunda Ordem em Portugal: o Caso das Europeias de 2004", *Análise Social*, Vol. 40, No. 177 (2005), pp.795-813.

Gerard McNamara, *Estudo sobre "Inovação e Investigação Empresarial Incluindo Transferência de Conhecimento em Portugal"*, Relatório Final, Schuman Associates, 7 de setembro de 2011.

Grupo de Ação Interdepartamental da OIT, "Enfrentar a Crise do Emprego em Portugal", Relatório para a Conferência de Alto Nível "Enfrentar a Crise do Emprego em Portugal: Que Caminhos para o Futuro?", Lisboa, 4 de novembro de 2013.

Helena Freitas, e Maria João Martins, "A Europa e a Política de Ambiente em Portugal", *Debater a Europa*, N. 7 Julho/Dezembro de 2012-Semestral, pp.78-88.

João F.Amaral, "A Economia Portuguesa na União Europeia", Revista de Estudos Europeus, 1 (2007), p.219.

João Marques de Almeida, "Portugal na União Europeia", *Relações Internacionais*, Dezembro: 2010, 28, pp.81-90.

Jorge Ávila de Lima, "As Organizações Agrícolas Socioprofissionais em Portugal e a Integração Europeia (1974 – 1985)", *Análise Social*, Quarta Série, Vol. 26, No. 110 (1991), pp.209-239.

Jorge Braga de Macedo, "Portugal e a União Monetária Europeia: Vender Estabilidade Internamente, Ganhar Credibilidade Externa", *Análise Social*, Quarta Série, Vol. 31, No. 138 (1996), pp.895-923.

José Caetano, Anrora Galego, e Sofia Costa, "Portugal e o Alargamento da União Europeia: Alguns Impactos Sócia–economicos", *Análise Social*, Vol. XL (175), 2005, pp.255-278.

José de Silva Lopes, "A Integração Económica Europeia: Implicação Sociais em Portugal", *Análise Social*, Vol. 2, No. 7/8, Aspectos sociais do desenvolvimento economico em Portugal (1964), pp.780-801.

Juliet Antunes Sablosky, "A Actividade Partidária Transnacional e as Relações de Portugal com a Comunidade Europeia", *Análise Social*, Quarte Série, Vol. 31, No. 138 (1996). pp.1007-1020.

Laura C. Ferreira-Pereira, "Portugal e a Presidência da União Europeia (1992-2007)", *Relações Internacionais*, Dezembro de 2008, pp.131-143.

Laura C. Ferreira-Pereira, "Segurança e Defesa na União Europeia: A Perspectiva Portuguesa em Análise", *Negócio Estrangeiros*, 11.1 Julho de 2007, pp.161-192.

Luís Aguiar-Conraria, Fernando Alexandre, e Manuel Correia de Pinho, "O Euro e o Crescimento da Economia Portuguesa: Uma Análise Contrafactual", *Análise Social*, 203, XLVII (2.°), 2012, pp.298-321.

Luís Amaral, Leonel Duarte dos Santos and C.A. Bernado, Uma visão do Sistema Científico e Tecnológico Português. WORKSHOP DA REDE SCIENTI, 1, Florianópolis, Brasil, 2002—"Actas do I Workshop da Rede

Internacional de Fontes de Informação e Conhecimento em Gestão da Ciência, Tecnologia e Inovação". [S.l. : s.n.], 2002.

Luis Barra, Expresso, "O que tem dito Cavaco Silva sobre formação de governos", *Expresso*, 20 Nov. 2015. http://expresso.sapo.pt/politica/2015-11-20-O-que-tem-dito-Cavaco-Silva-sobre-formacao-de-governos.

Mário Murteira, "Do Estado Obsoleto Ànação Democrática (Portugal na Periferia Europeia na Segunda Meteda do Século XX)", *Análise Social*, Terceira Série, Vol. 22, No. 91 (1986), pp.259-277.

Paulo Carvalho Vicente, "Federalismo Europeu: Senticdo, Alcance e o Lugar de Portugal", *Observatório Político*, 15 de Fevereiro de 2012, pp.1-8.

Quadro de Referência Estratégico Nacional (QREN), "A Economia Portuguesa e o Alargamento da União Europeia", Relatório Final, Abril de 2004.

Represnetação da Comissão Europeia em Portugal, "As Fontes de Informação sobre a União Europeia, o Alargamento e as relações entre as Instituições, os Estados Membros e os Cidadãos", *EUROBARÓMETRO* "Edição Especial", 2002.

Represnetação da Comissão Europeia em Portugal, "Relatório National: Portugal", *EUROBARÓMETRO* 62, outono de 2004.

Represnetação da Comissão Europeia em Portugal, "Relatório National: Portugal", EUROBARÓMETRO 63.4, primavera de 2005.

Represnetação da Comissão Europeia em Portugal, "Relatório National: Portugal", *EUROBARÓMETRO* 64, outono de 2005.

Represnetação da Comissão Europeia em Portugal, "Relatório National: Portugal", EUROBARÓMETRO 65, primavera de 2006.

Represnetação da Comissão Europeia em Portugal, "Relatório National: Portugal", *EUROBARÓMETRO* 66, outono de 2006.

Represnetação da Comissão Europeia em Portugal, "Relatório National: Portugal", EUROBARÓMETRO 67, primavera de 2007.

Represnetação da Comissão Europeia em Portugal, "Relatório National: Portugal", *EUROBARÓMETRO* 68, outono de 2007.

Represnetação da Comissão Europeia em Portugal, "Relatório National: Portugal", EUROBARÓMETRO 69, primavera de 2008.

Represnetação da Comissão Europeia em Portugal, "Relatório National: Portugal", *EUROBARÓMETRO* 70, outono de 2008.

Represnetação da Comissão Europeia em Portugal, "Relatório National: Portugal", *EUROBARÓMETRO* 72, outono de 2009.

Represnetação da Comissão Europeia em Portugal, "Relatório National: Portugal", *EUROBARÓMETRO* 74, outono de 2010.

Represnetação da Comissão Europeia em Portugal, "Relatório National: Portugal", *EUROBARÓMETRO* 76, outono de 2011.

Represnetação da Comissão Europeia em Portugal, "Relatório National: Portugal", *EUROBARÓMETRO* 78, outono de 2012.

São José Almeida e Sérgio B. Gomes, "As Revisões da Constituição da República Portuguesa", 40 Anos da Constituição, *Público*, http://www.publico.pt/40-anos-da-constituicao/as-revisoes.

Sérgio Aníbal e Sílvia Amaro, "A Regra Não Escrita que Salvou o OE do Chumbo Europeu", *Público*, Sáb. 6 Fev. 2016, p.6.

Stefano Bartolini, "A Integração Europeia Provocará uma Reestruturação dos Sistemas de Clivagens Nacionais?", *Sociologia, Problemas e Práticas*, 37, 2001, P.104

Tiago A. Soura, Ricardo L. Pregitzer, Júlio S. Martins, e João L. Afonso, "Estudo do Panorama das Energias Renováveis na União Europeia e Sugestões para Portugal", ENER'05 – *Conferência sobre Energias Renováveis e Ambiente em Portugal*, Figueira da Foz, Portugal, 5'7 de Maio de 2005, pp.1.87-1.92.